盒具的文明

THE CULTURE OF CHINESE BOX

（上册）

马未都 编著

上海古籍出版社

目 录

看短视频书 听马未都说

马未都先生臻选本书收录的观复博物馆藏盒具二十五品，用睿智的语言，为读者朋友们讲述文物背后的故事。

扫描文末二维码即可观看。

上册

下册

瓷之盒

追溯起来，瓷盒这样简单的造型出现得较晚，大约到了隋代，才有像模像样的盒子出现，这与一般想象有些出入。汉代以后陶瓷飞跃发展，品种繁多，尤其新造型层出不穷，以适应社会发展的需要。但瓷盒这样简单又实用的容器却一直未能出现，于情于理都有些说不过去。这一现象今天解释起来颇费气力。

制造一定与使用和需求有关，需求决定供给。瓷盒的使用之所以迟迟未来，应该既不是工艺所限，也不是思路所限。瓷之工艺在两晋南北朝显现的复杂远比瓷盒的单纯难度要大，战国至汉所有漆制圆盒为瓷之圆盒提供的启迪也绰绰有余；可瓷盒就是未见出现。那究竟是什么使瓷盒迟缓登场，一登场就高歌猛进，一发不可收拾呢?

香料贸易的发达可能是开启制作瓷盒思路的钥匙。随着隋王朝迅速统一中国，隋唐香料消费增大。与此同时，相关的国际贸易，尤其是南方的海上贸易兴盛起来。隋唐时期，中国与大食（阿拉伯地区）的贸易关系中，香料贸易是其重要部分。广州、扬州为唐代中阿之间香料的贸易港，广州甚至还是当时世界上最大的香料市场。

今人对香的一般理解实际上是个误解。今人大都会以为香为柱形焚燃物，其实古香与此相差甚远。在隋唐，香是可以口含、内服、涂敷、佩戴、薰染、焚燃之物，功能齐备，不拘一格。香料本身就有香药之说，唐代宫中的香事归尚药局掌管。孙思邈的《千金药方》《千金翼方》以及《唐本草》《本草拾遗》《广济方》等唐代药书都有大量的香药记载。

隋唐时，柱香并不流行，香的存在形式多为香丸、香粉、香脂（膏）、香饼，即便是柱香也是短粗状，与筷子粗细差不多，亦称箸香，与后来形成的细长形有别。由于香的作用多种多样，香盒应运而生。瓷质香盒的长处多：一是质优价廉。比起金属与漆制盒子，瓷盒无异味，且造价明显低于两者。二是储物安全，不易散味。香料怕异味混入，也怕香味散溢，瓷盒多采用子母口，很容易密封。

隋　唐

隋唐时期是瓷盒的启始期。唐中叶之后，瓷盒数量迅猛增加，显然与香料贸易不无关系。使用香料在唐人的记载中比比皆是。诗人贾至，官至中书舍人，他著名的宫廷诗《早朝大明宫》有“剑佩声随玉墀步，衣冠身惹御炉香”之句；杜甫奉和时亦发出“朝罢香烟携袖满，诗成珠玉在挥毫”的感叹；同样，王维奉和此诗也出现了“日色才临仙掌动，香烟欲傍衮龙浮”的描绘；一组诗中，诗人们对香的关注各有角度，已说明唐中期香在宫廷中的普及。

上溯至隋，我们今天能见到的瓷盒有两个例子。一件是湖南省博物馆藏青瓷印花盒（图1），另一件是江西省博物馆藏青瓷菊花纹盒（图2）。两件瓷盒虽为青瓷但呈黄褐色，尺寸一小一大，造型近同，前者盒面凸起弦纹三道，后者亦有，只是略浅，纹饰采用印花工艺，一深一浅，均

图1 隋 **青瓷印花盒** 湖南省博物馆藏 | 图2 隋 **青瓷菊花纹盒** 江西省博物馆藏

设子母口。这种早期瓷盒呈现同一性的特征，即平面平底，面设弦纹装饰。唐代早期石盒作品中亦有风格雷同作品（下册图版四），说明瓷盒初现时的中规中矩。

唐三彩在陶瓷中声名远播，主要是其色彩艳丽，造型奇诡。落实到盒子这样小小的容器上，亦可以看出其制作的精心。日本出光美术馆、英国大英博物馆、河南省洛阳市博物馆都有唐三彩盒的收藏（图3—图6），其造型统一，尺寸相差不大，唯色彩多样，不拘一格。对照本书图版一、图版二作品，可知盛唐三彩盒子虽乃小品，却也气象万千。

邢瓷在唐属高科技产品，霸行江北。今人对白瓷感受不强，古人却热衷不已。陕西省西安市先后出土两件邢窑印花如意形盒（图7），山西省忻州市也出土相同一件（图8），唯山西这件墓葬纪年明确，为唐大中九年（855年），与一般目鉴为晚唐规律吻合。此类盒为模制，显然是为了提高产量，纹饰中间花结交待清晰，丰富繁华，两侧双鸟各一，振翅欢快，以鸟呈短粗形态来看，似为鸳鸯、鸂鶒一类。这类盒子纹饰一致，尺寸有差，显然为应对市场不同的需求。本书图版二一亦为相同作品，可资比较。

邢窑系白瓷中有点彩、黑釉、贴塑一类作品，名声和地位虽不及邢窑白釉产品，但仍占一席之地。故宫博物院藏白釉蛱蝶盒（图9），蛱蝶点彩，与1991年陕西省西安市出土的一对白釉蛱蝶花卉盒（图10）相同，此对

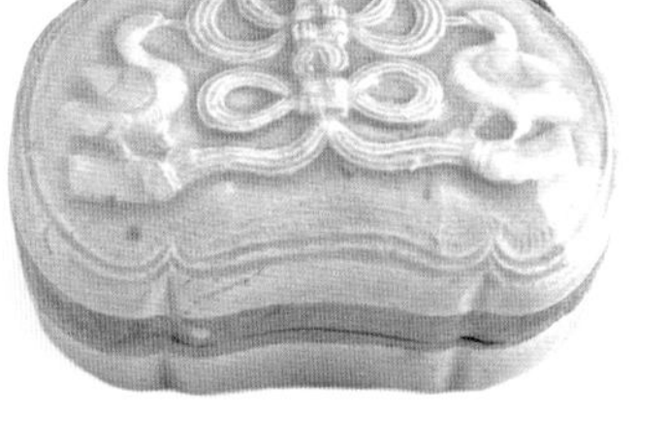
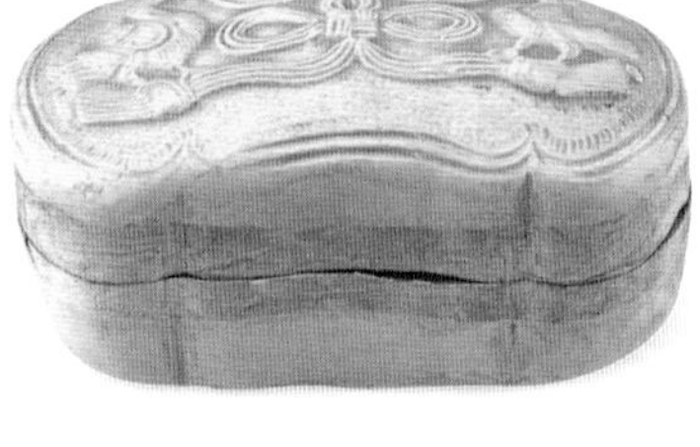

3 4
5 6
7 8

图3 唐 **三彩盒** 英国大英博物馆藏

图4 唐 **三彩盒** 日本出光美术馆藏

图5 唐 **三彩盒** 日本出光美术馆藏

图6 唐 **三彩盒** 河南省洛阳市博物馆藏

图7 唐 **邢窑白釉印花如意形盒** 陕西省西安市文物保护研究院藏

图8 唐 **邢窑白釉印花如意形盒** 山西省忻州市文物管理处藏

9 图9 唐 **邢窑白釉蛱蝶纹盒** 故宫博物院藏

10 图10 唐 **白釉蛱蝶花卉纹盒（对）** 陕西省考古研究院藏

盒一蛱蝶一花卉，有蝶恋花意趣。可以说的是，此对盒与前例白釉印花如意盒同出一墓，可见作品产地应为一窑。本书图版一一、图版一二作品，来源本是一致的，也是蝶恋花图案，可见唐代对盒出现蝶恋花不是偶然。

黑釉作品，其色如漆。有蛱蝶者生动（图版九），无蛱蝶光素者（图版五）亦生动。黑釉素器因受形式所限，能表达的只剩自身，所以黑釉小盒以其黑釉白筋的表现显得干净利索，精神饱满。可见艺术的表现力有时候少就是多，关键在于把握。

图11 辽 **绞胎盒** 吉林省博物院藏 | 图12 唐 **绞胎盒** 陕西历史博物馆藏

绞胎绞釉是唐朝人的最爱，后世影响至辽宋。吉林省农安县辽代塔基出土的绞胎盒（图11）、陕西历史博物馆藏绞胎盒（图12），都属唐代常见式样，而图版一三、图版一四作品有所不同，绞胎者内外所施釉色不同，内黄外绿，富于变化；绞釉者，通过图案控制，让图形似有规律可循。

越窑以秘色瓷传颂千年，法门寺秘色瓷的出土使人们观秘色有了标准。1984年安徽省六安市唐墓出土一件秘色球形盒（图13），该墓纪年唐乾符三年（876年），属晚唐，比法门寺在唐咸通十五年（874年）封地宫仅迟两年。此盒球形饱满浑圆，釉色细腻均匀，青色收敛，与秘色同；本书图版一五作品亦属同类同期作品，这种灰中带绿、不卑不亢的青瓷，赋予秘色之誉，当之无愧。

越窑青瓷小盒中有一类线刻作品，明显受金属器影响，故宫博物院藏青釉刻花小盒（图14），盒面线刻，器形小巧，上下微鼓，多个特征都与金银器小盒相同，图版一七亦属此类作品。这类仿金属器作品因不能扬长避短，所以制作并不显精心，只是点到为止，强调意思而已。

湖北省鄂州市博物馆藏长沙窑褐花粉盒（图15），薄釉褐花，花卉着笔处因釉不同腐蚀较重，与本书图版一九作品纹饰及缺陷一致，可见产品缺陷若形成，显现毛病都会趋向一致。另一件图版二〇作品，盖呈台阶状四层累进，这类造型盒子仅见长沙窑流行，似乎与当地谷仓建筑有关。1984年浙江省宁波市出土过一只长沙窑粉盒（图16），与此盒如出一辙。

13 14

15 16

图13 唐 **青釉球形盒** 安徽省六安市皖西博物馆藏

图14 唐 **越窑青釉刻花小盒** 故宫博物院藏

图15 唐 **长沙窑褐花粉盒** 湖北省鄂州市博物馆藏

图16 唐 **长沙窑青釉绿彩盒** 浙江省宁波市镇海区文物管理委员会藏

隋唐瓷盒是一个从无到有、从有到丰的过程。隋盒偶见，出土零星。隋结束了几百年的战乱，百废待兴，即便是瓷盒这样的小件瓷器，亦可由一斑窥见全豹。进入唐代，贞观、开元盛世，将大唐风采尽情展现，由于对外贸易的发达，用香和化妆的兴起与普及，使瓷之盒顺势成长，风生水起。唐代名窑应该说都烧造过瓷盒，都具有瓷盒名品。南越北邢的青白局面，在瓷盒表现上尽善尽美；其他名气不如邢、越的产品，也尽情发挥一己之长，让三彩变成五彩乃至多彩，让黑釉变成不似黑釉乃至花釉。全体隋唐人的努力，让瓷盒不仅仅装入香料及化妆品，而且装入了主人对美好生活的追求。

五代　辽

五代是个尴尬的年代，几十年的光景，朝代不停地更迭，生灵涂炭，以致赵匡胤登基后忧心忡忡地问赵普：

天下自唐季以来，数十年间，帝王凡易十姓，兵革不息，苍生涂地，其故何也？吾欲息天下之兵，为国家建长久之计，其道何如？

正因为五代十国是如此局面，各地方政权把持一隅，能享乐就享乐，过一天是一天，让我们看到的五代瓷器有意想不到的成就。

邢窑白釉素盒进入晚唐开始口沿处无釉，此时已不为工艺所限，应为镶制金属口流行使然。1989年河北省井陉矿区出土一件邢窑白釉盒（图17），口沿处无釉，小圈足；另一件河北省定州市塔基出土的桃形盒（图18），虽形状不同，但口沿亦无釉，此塔基纪年明确，为太平兴国二年（977年），入宋不过十几年，这件桃形盒确定为定窑产品。无论邢、定，以类型推断，这类口沿无釉的小圈足盒子应流行于五代时期。

有意思的是，1992年内蒙古自治区赤峰市阿鲁科尔沁旗辽国开国元勋耶律羽之墓出土一件白釉盒（图19），与本书图版二二作品几乎相同，此墓纪年为辽会同四年（941年），撇开地域不谈，此时正值五代时期，恰好为上述判断作了证明。

唐越窑的秘色瓷实际上不如五代越窑亮丽。五代越窑一改唐越窑的收敛，变得放肆，其青色向青翠发展。这显然与吴越国有关，越窑产地在其行政辖区，财大气粗的吴越钱氏家族，满足于江南富庶之乡，只求安逸，不思进取。

宁波博物馆藏五代越窑莲花盒（图20），系1980年出土，与本书图版

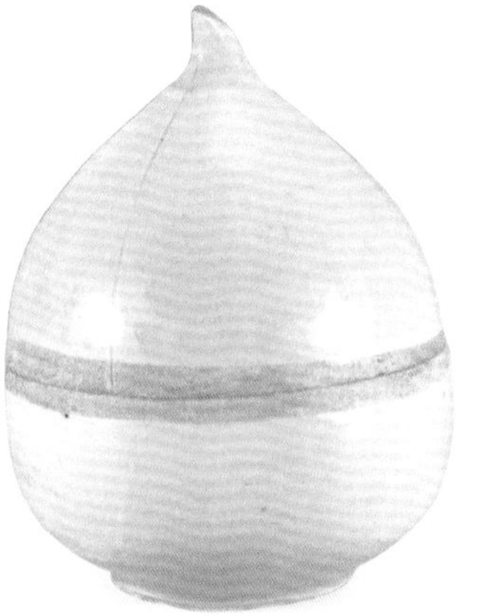

17
18 19

图17 唐 **邢窑白釉盒** 河北省石家庄市博物馆藏
图18 北宋 **白釉桃形盒** 河北省定州博物馆藏
图19 辽 **白釉盒** 内蒙古自治区文物考古研究所藏

二五作品一致，莲花形的这类装饰风格，五代始，北宋兴。北宋另有与此近同者。其他越窑盒子作品，可以由典型器物类推，五代越窑青瓷盒子普遍带有金属造型味道，高足外撇，纹饰凸起，犹如锤錾效果。故宫博物院的五代越窑青釉刻花盒（图21）正属此类，其颜色青翠，超越前辈秘色。

年喜文教基金会曾于1996年在台北历史博物馆做了“千峰翠色——越窑特展”，这是有资料可查的最专业最全面的越窑展览。其中一件牡丹纹盒（图22），卧足，面刻硕大牡丹纹一朵，年代定为北宋；而图版二三作品虽图案与之相同，但造型高足外撇，保留了金属工艺的特点。

20

21　22

图20 五代 **越窑青釉莲花纹盒** 浙江省宁波博物馆藏
图21 五代 **越窑青釉刻花盒** 故宫博物院藏
图22 北宋 **越窑青瓷牡丹纹盒** 年喜文教基金会藏

一般说来，越窑青瓷圆盒由唐到宋，途经五代，出现了一个现象，即直径与相对高度的比例走过了低—高—低的过程，至高点在五代，这一点在五代王处直墓东西耳室的壁画中得以充分印证。

辽国比宋国早建立五十三年，与五代起始同期，故早期辽文物多数呈现唐风。又由于辽国地处北漠，古代信息传达低效，致使文化改变不易。图版三〇作品辽白釉弦纹大盒，明显留有唐风，三道弦纹凸起，饱满有力；辽白釉的成就很高，河北定州辖区在当时曾拉锯般地为辽控制。辽人为渔猎民族，生活状态界于农耕与游牧之间，使用物质也界于农耕民族与游牧民族的喜好之间，以陶瓷代替金属器，一则表明了辽国人相对定居的生活状态，二则表明了辽国人的怀旧与好恶，本书图版三〇、图版三一、图版三二作品，无论方圆，无论白绿都尽可能地呈现出金属特质给契丹族带来的乐趣。

两 宋

经过五代十国的动乱，宋人痛定思痛，决心安下心来好好过日子。安逸的文明为宋人所提倡，宋人实在不喜欢唐人的张扬，不喜欢驰骋疆场的日子，所以宋人连马都不喜欢表现，文物中骠悍的马不是汉就是唐，与宋无关。宋马即便出现，也是一副帮忙拉边套的样子，给人的印象别说上战场，连农活都干不了。

宋人的乐趣在花前月下。大维德基金会藏耀州窑刻花大盒（图23），满刻花卉，刀法虽犀利，但表现花卉却委婉，枝枝摇曳。耀州窑青瓷为北方最为著名，其色沉着，一腔热情暗含其内，不事张扬。图版三九作品，仅刻一枝花卉，却也意趣横生；图版三八作品不施刀刻，其橄榄色饱和，成为耀州窑器釉色之经典。

“千峰翠色——越窑特展”中一件莲瓣带柄小盒（图24），盒的造型新颖，反映了宋人的内心追求，强调细节，注重小处；一柄弯曲，在似与不似之间；莲瓣饱满，亦在似与不似之间。宋人就是这样，追求似与不似，追求暧昧，总是抱有一种侥幸态度，任别人随便理解。在细节表达上失之琐碎，也得之琐碎。

日本MOA美术馆藏有一件振翅鸳鸯盒（图25），与图版四一作品属于同类，鸳鸯为水鸟，成双成对，刻划一只振翅高飞鸳鸯，低首寻视，似乎制造者还赋予其另一层含义——寻找另一半。这类盒子还保留了五代的造型特点，只是由高向矮缓慢地变化，减少了容量，暗合宋人之意，让生活精致。

宋代科技领先，文化发达，惠泽百姓，生活小景有滋有味。航海技

23 24
25 26

图23 宋 **耀州窑刻花盒** 英国伦敦大维德基金会藏
图24 北宋 **越窑青瓷莲瓣纹盒** 年喜文教基金会藏
图25 五代 北宋 **越窑青釉鸳鸯纹盒** 日本MOA美术馆藏
图26 南宋 **青白釉仿藤编盒** 海南省博物馆藏

术以及造船业的发展，使宋代对外贸易重现繁荣。宋代注重海外贸易，其税收是政府的重要收入。陶瓷输出自唐始，但未见文献记载，而宋代瓷器输出，《宋史》记载明确。除广州、扬州港之外，明州（宁波）、泉州港吞吐量迅增。陶瓷、香药都是最为重要的贸易商品，1974年泉州发现一艘以运香为主的大型宋代商船。北宋初年，宫廷设榷易院，负责香药专卖。宋朝宫廷还设有香药库，负责官员称香药库使，官至四品，可见政府对香药的重视。

民间亦同，用香极为普遍，黄山谷（庭坚）自称有“香癖”，此外，文化大家咏香者不胜枚举。宋代有关香的书籍很多，仅《香谱》就有洪氏（洪刍）、沈氏（沈立）、陈氏（陈敬）等不同版本，还有颜博文的《香史》，叶廷珪的《名香谱》，丁谓的《天香传》等。著作的云集，说明香事的繁盛，宋代民间市井生活中随处可见香的踪影，《清明上河图》中的“香铺”，《东京梦华录》中的“香人”，《武林旧事》中的“香婆”，都从侧面反映了宋代香事的普及程度。

因此，宋代香具（包括盒具）趋向小型化、精致化，连同功能类似的妆盒，宋代盒子开启了一个千文万华的时代。

北方的定窑开始在盒子上印制纹样，让其白色不再刺目，而于纹饰中表现。图版三四作品凤纹展翅甩尾，一副放松自由之态，无拘无束，满足现状。而磁州窑盒子，大方明确地传递着民间的审美气息，枝叶婀娜，花朵繁茂。宋人爱花与唐人不同，唐之爱花多有侵犯，掐一朵牡丹别在头上，用你之美补充我之美；宋之爱花喜一旁厮守，你之美乃我心之美。在宋瓷盒花卉一栏中，宋花不论在野在庭，都是一副等待欣赏的模样，宋人也就借此养成怜香惜玉的风范。

南方山区景德镇、龙泉等烧窑重地，得天独厚，尤其宋政权南迁之后，借地利风水，景德镇、龙泉一白一青两面旗帜迎风而起，猎猎作响。南宋以后，瓷器雕刻刀法变得细弱，模印出现。较之北宋的景德镇青白瓷、龙泉青瓷，南宋装饰已开始程式化，商品化特征明显，无论瓷器的成型，还是具象的纹饰，景德镇都开始大量借用模具生产，提高产量。

古代商品运输成本很高，走水路是唯一节约的办法。宋代广州、泉州港出海远征的船不少，沉没于海上的也就不少。海南省博物馆藏南宋青白釉仿藤编盒（图26），就是在西沙群岛附近出水的，与图版六七属同一类型产品，这类仿藤瓷盒在宋元时期曾长时间流行，形成一个强大的市场。

中国封建社会漫长，朝代更替频繁，如果以生活品质而言，宋代人生活得最好。仅从一个小小的瓷盒就可以看出，宋代南北地域的差异在审美，不在意趣；北人的粗犷，南人的细腻，落实到一个小小的瓷盒之上，也可以看出宋人的生活一惯强调情趣，不论是香盒、粉盒，还是油盒，宋人只为自己不为他人装点生活，维护品质。

金　元

金人和宋人是结了仇的，靖康之耻是宋人永远挥之不去的痛。宋高宗赵构在临安虽说扎下了根，但根不在南，而在北。北方过去本是宋国的疆土，此时已是金国的领地。金太祖完颜阿骨打一生做了两件大事，建立金国，灭亡辽国。在辽看来，女真落后，编入辽国的为熟女真，散落未入辽的为生女真。享国已逾二百年的辽国，无论如何也未把这个“生女真”放在眼里；可历史无情，辽被金灭。金太祖所设制度，实现了女真从氏族制度向文明制度的过渡。

但文化永远是统治者的难题。金与辽不同，发迹起点太低，闯入领地太高，以致原北宋疆土上的文化，金人除去破坏，毫无建树。在此背景之下，金人变得老实，任其文化自由发展，还原百姓的天地。

北方大地的磁州窑虽遭战争破坏，但稍作休养生息就能恢复生产。严格地讲，宋金时期的磁州窑大部分作品都有相通之处，甚至许多作品区分年代颇有困难，只是缘于金代连年战争对生产的破坏，过去一般认为磁州窑作品中精美者为宋，粗糙者为金。其实历史没这么简单，1958年山西省太原市出土一只金代磁州窑牡丹纹盒（图27），牡丹肥硕，枝繁叶茂，一派生机；较之宋代磁州窑并无伯仲之分。图版七六、图版七七作品，与山西出土的这只盒子一眼看去，都有血缘关系。艺术的横向比较，许多时候可以坚定判断的决心。

图版八一高装盖盒，黑亮如漆，设定位纽，无变化中做出变化，让功能性的机关成为装饰；无独有偶，1965年江西省清江县出土一只高装盖盒（图28），釉色近乎白，无纽，造型与之近同，重要的是此盒有确切入土年代，南宋景定元年（1260年）。此时北方刚刚告别金人统治入元，两个高装盒一北一南，一黑一白，相映成趣，说明了文化的覆盖面和传染力。

钧窑本来有个定论，北宋创烧。近年来许多学者开始怀疑宋是否有过钧窑。推理多多，此不讨论。唯本书图版七八作品，釉色月白，设定位纽，器形浑圆饱满，传递着金元时期的粗犷风格。钧窑以河南禹县为大本营，其窑风格形成在北方窑系中最晚，但波及面最广。原因是钧窑釉面乳浊，遮盖性极好，对胎土要求不高，所以近年在辽宁、内蒙古、山西、山东、河北、陕西，甚至远至浙江都有钧窑或类钧窑作品发现。尤其入元之后，钧窑多生产百姓的日用品，其中以碗为主。

钧窑盒最漂亮的也在大维德基金会（图29），天蓝釉色中闪着微红，设纽，六瓣棱形不明显，不强调，似乎金人不注重细节带来的乐趣。

元人与金人相比，是完全彻底的游牧民族，蓝天白云，秋风冀北，白马塞上。元人驰骋是第一乐趣，踏踏实实地耕种过日子不是他们的梦想。但元人也要生活，也要幸福，他们的幸福生活来自贸易，这就是游牧民族与农耕民族的文化差异。

元人对手工业匠人非常尊重，工匠们可以把原材料做成商品，商品可以换来货币，货币可以买来幸福。元人就在贸易幸福中找到了自己，

27 28
29

图27 金 **白釉褐彩牡丹纹盒** 山西省博物院藏
图28 南宋 **青白釉高装盖盒** 江西省博物馆藏
图29 金 **钧窑盒** 英国伦敦大维德基金会藏

也忘记了自己。元人笃信武力能够解决一切问题，事实上一开始也的确如此，大军摧枯拉朽，攻无不克，战无不胜，所到之处，皆我所有。

宋人的哲学遇到元人的哲学有些说不通，南宋以其水乡地理之便挡住了金兵却挡不住元军，元军一路杀来，让久居安乐的宋人，尤其身居腹地的蜀人无法招架，埋下细软，舍家逃命。

1949年以来，四川出土南宋窖藏为全国之冠，这绝非偶然；这几十处窖藏以浅埋堆积为主，显得十分慌乱。无疑，元军大举入蜀，导致蜀地百姓采用临时性措施，将细软掩埋地下，以避灾祸。这些窖藏可以看出南宋蜀人的生活品位，以银仿剔犀，以瓷仿银器，追求生活中的文化乐趣。

元人不可能看不见这一点，元代工匠也不可能不模仿这一点，元人

图30 元 **青白釉印花唐草纹盒** 日本东京国立博物馆藏 | 图31 元 **青白釉仿剔犀盒** 福建博物院藏

的商业敏感与生俱来（图30）。福建省德化县出土的青白釉仿剔犀盒（图31），虽粗率但意思明晰，与图版八三、图版八四作品一同，表明了福建白瓷超凡的模仿能力。

元代的工艺，在宋金的基础上发扬，由于元的扩张，带回了眼界，带回了思想，当工匠们把这些眼界和思想变成具体实施时，元青花诞生，釉里红诞生，颜色釉诞生，从元代开始，陶瓷釉色追求摆脱了唐宋如冰似雪、仿玉类银的局面，上升为自由王国。

明 清

明朝虽算不上大一统，但北方的文化威胁可以忽略不计。明朝重拾宋文化的自信，试图摆脱元朝一百年来对汉民族、汉文化的伤害，但比预想的困难。历史无法退回，文化可以坚守，但不能全盘恢复，尤其被大范围长时间地破坏之后，恢复原始状态几无可能。

明初洪武、永乐的白瓷，尽管宫廷及文人美誉至顶，但不敌青花、五彩的轻松一击。自明朝起，青花就拉起它那面由汉文化、蒙古文化、伊斯兰文化杂交而成的大旗。青花在其诞生后的七百年间，突显了杂交文化的优势，至今仍无可匹敌。

永宣时期的青花盖盒并不多见，宋元时期最常见的瓷盒销声匿迹了，取而代之的是各类功能不同、式样不同的盒具。本书图版八六、图版八九、图版九〇作品都是晚明富庶人家闲时对弈的棋盒，瓷质棋盒在使用时显然不如漆质、竹质、木质棋盒，易破损，成本高；但赏心悦目的蓝色，寓意悠远的图案，都让文人在对弈时思路网开，让搏杀不显得残酷，让对弈成为怡情。

图版八七、图版九一至九三作品都是明末清初小说中常出现的捧盒。顾名思义，捧盒尺寸以双手捧起为宜，太小太大都不宜称之为捧盒。捧盒功能多样，盛放物品因人因地因时而异。例如《红楼梦》第十一回："话说是日贾敬的寿辰，贾珍先将上等可吃的东西，稀奇些的果品，装了十六大捧盒。"（图32）又如第三十五回："（玉钏儿）说着，便令一个婆子来，将汤饭等物放在一个捧盒里，令他端了跟着，他两个却空着手走，一直到了怡红院门内。"再如第四十一回："丫鬟便去抬了两张几来，又端了两个小捧盒。揭开看时，每个盒内两样，这盒内一样是藕粉桂糖糕，一样是松穰鹅油卷，那盒内一样是一寸来大的小饺儿……"

文人的用具历来讲究。自元用油调制印泥后，瓷质印泥盒脱颖而出。图版八八、图版九四、图版九七至九九作品都是明清两朝文人的最爱，置于案头，不仅仅是使用，更多的是欣赏。无论是百子玩耍，还是一支爱情心曲，都让文人在苦读苦写中获得一份轻松，化作一份知足。

至于香盒，多层者（图版九五）置放不同香品，一日一燃，一日两燃乃至三燃四燃，都可随之变换，香客本身就是高雅之中的高雅，焚香历来就是红袖半夜为之，香盒虽为贮香器具，仍可见主人之品位，生活

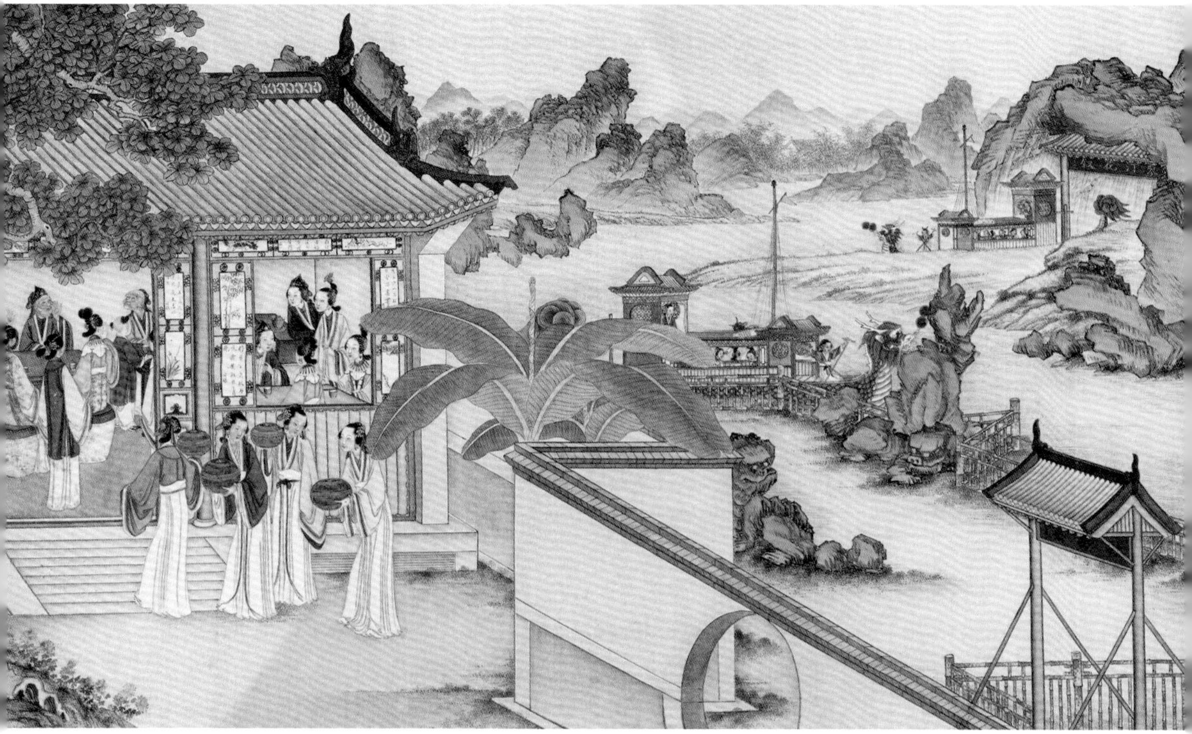

图32 清 **孙温《红楼梦》（局部）** 辽宁省旅顺博物馆藏

之奢华。单层者（图版九六）不为贮存，只能焚燃，一叶知秋之来临，一香知人之品位。

明清时期的瓷盒已不局限用于香料、妆容，功能扩大至生活领域的方方面面，凡能用瓷盒处一定使用瓷盒。明清制瓷业的发达，让每一个国人享受其便，让每一个商家享受其利。正是这种普及的便与利，使得中国人在明清时期享受过真正的好日子。

唐

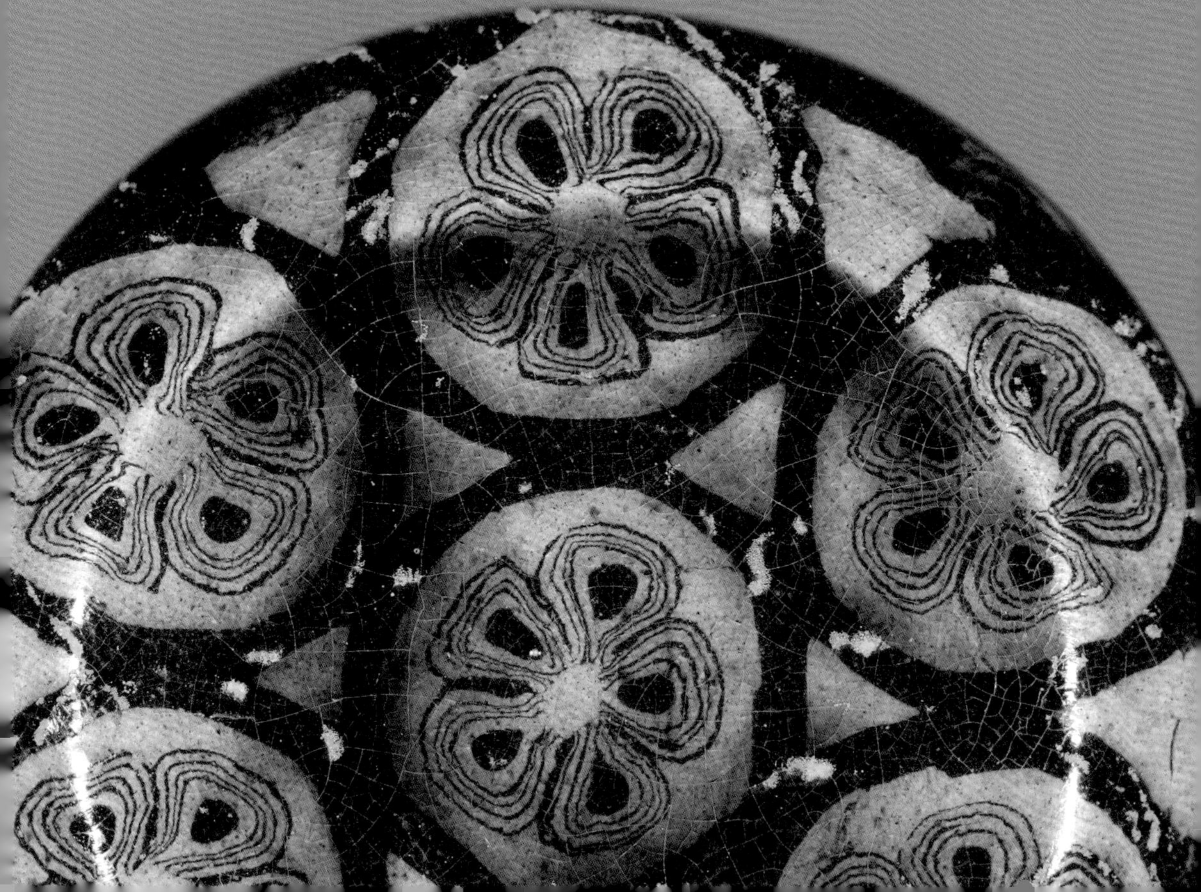

〇〇一 三彩粉盒

唐

直径七・三、高二・三厘米

蓝黄两彩

一冷一暖，混杂交替

其抽象表现为唐代流行

底与盖边缘处理精致

造型干净利落

扫码了解文物背后的故事

唐三彩的粉盒有很多，但是做得如此精美的并不多。其实国人比较喜欢具象，而这件粉盒一点儿都不具象，它是抽象的。我们能看到的是它“冷暖相间”，“冷”是蓝色的调子，占大部分；“暖”是黄色的调子，占小部分，冷暖色调的比例大概是3∶2。这样的冷暖两色，本来不太容易融在一起，但唐三彩使二者完美交融。

这件盒子最精美之处是细节的表达。比如盒盖边缘的一段隐起，增加了变化和线条。再比如它的釉色，没有草稿，自然交融，却形成了独特的韵律感，非常漂亮。

〇〇二
三彩齿纹粉盒

唐

直径七、高二·一厘米

盖面弦纹两组四道
均分盒面
盖外缘刻密集齿纹
三彩中少见
器形圆润可人

〇〇三
邢窑白釉点褐彩沥粉花卉粉盒

唐
直径七、高三·三厘米

造型经典
置双纽定位
沥粉堆出轮廓
双层花卉，外层点褐彩
为唐人想象花卉

〇〇四 邢窑白釉褐彩花卉粉盒

唐

直径八·九、高四·五厘米

造型同前
盒面随笔绘出花草纹
不具象
定位纽一笔带出
随意潇洒

〇〇五
邢窑黑釉弦纹小粉盒
唐
直径四·六、高三厘米

黑釉如漆
弦纹醒目
小巧玲珑可人
留有定位纽

〇〇六
耀州窑素胎褐彩高足盒

唐

直径七·三、高四·九厘米

高足素胎无釉

褐釉绘出抽象花卉

唐耀州窑独见

定位纽一笔带出

状如苇叶，孤独不孤

生活气息浓郁

〇〇七 耀州窑黑釉高足粉盒

唐

直径五・五、高四・二厘米

素器

通施黑釉

高足外撇，足部露胎

其釉黑中闪蓝

光泽悦目

〇〇八

河南窑口白釉素盒

唐

直径一〇·五、高五·七厘米

全器光素

饱满

褐彩点出定位纽

唐代传统造型

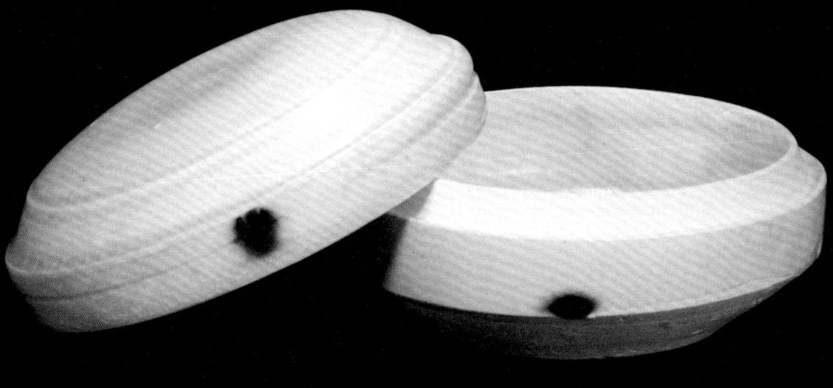

〇〇九

河南窑口黑釉蛱蝶纹粉盒（三件）

唐

（小）直径五、高三厘米

（中）直径五・一、高三・五厘米

（大）直径五・九、高三・五厘米

黑色如漆
贴塑蛱蝶
因而形态略有异
唐人爱蝶
注重细节表达

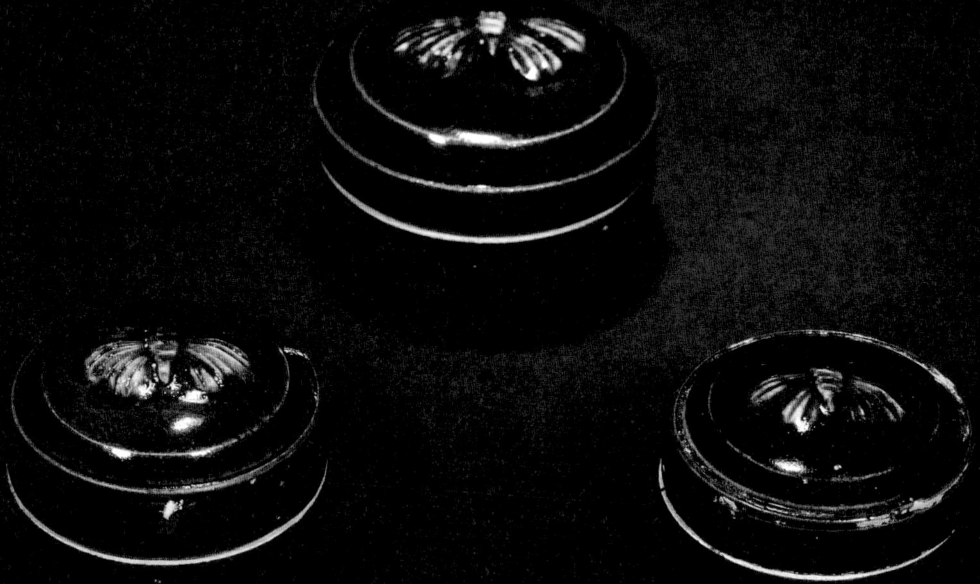

〇一〇

北方窑口青釉堆塑花卉粉盒

唐

直径六・六、高三・七厘米

盖与盒身皆作斜坡处理
唐代流行
盒面创意花卉
不为自然所有
唐人富于想象
与宋人情趣有别

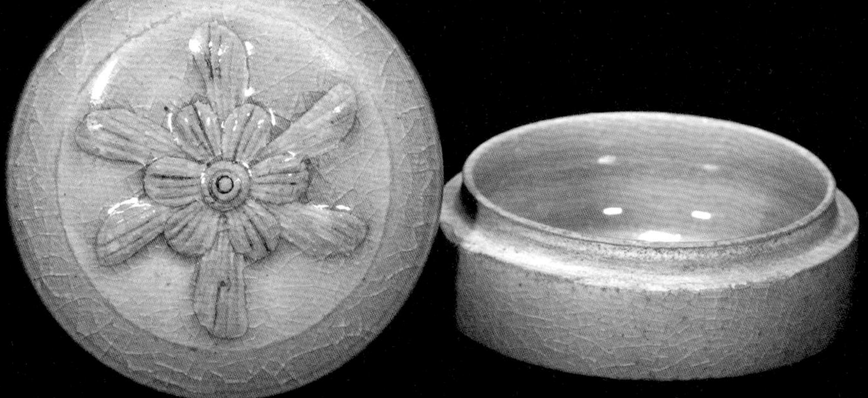

〇一一 北方窑口青釉堆塑蛱蝶粉盒

唐

直径一〇、高六厘米

蛱蝶两只
附于盒盖
相映成趣
生机盎然
唐人生活情趣可见一斑

扫码了解文物背后的故事

这件青瓷盒是唐代的，年代偏早，青色没有后来的那么绿。它体量比较大，是北方的产品。盒盖为“盝顶”，显得非常丰满。这一时期青瓷盒的盒面堆塑有两类，一类偏黑色，一类偏青色。

这件粉盒的盒面堆塑有两只蛱蝶。蛱蝶在杜甫的诗里就有提及：“穿花蛱蝶深深见，点水蜻蜓款款飞。”

蛱蝶和蝴蝶有什么区别呢？从科学角度来说，蛱蝶是蝴蝶的一种；从艺术角度来看，蛱蝶更多表现为“蛾”，北方常叫“扑棱蛾子”。蝴蝶身子小翅膀大，能飞得很自由，蛱蝶相对来说飞起来比较吃力。

不论是瓷盒上塑造的蛱蝶，还是杜甫诗句中的蛱蝶，都是作为一个美好的文学意象来表现。

○一二
北方窑口青釉堆塑蛱蝶粉盒

唐
直径九·四、高四·五厘米

青釉沉着
断面为梯形，造型少见
蛱蝶生动
偏居一隅
蓄势待飞

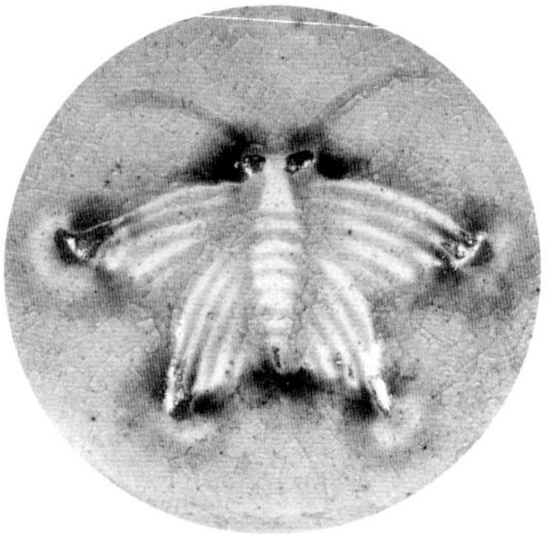

〇一三 绞胎粉盒

唐
直径七·七、高三·六厘米

绞胎
外施绿釉，内施黄釉
冷暖相宜
边沿打洼处理
造型端正，唐代典型

〇一四
绞釉花形高足盒

唐
直径一〇·八、高六·三厘米

高足盝顶
绞釉处理
画面布局均分
内设五瓣花形
装饰风格来自西域

〇一五

越窑青釉馒头盒

唐

直径八・二、高五・六厘米

秘色

盒面隆起

状如馒头

圆润可爱，一气呵成

〇一六
越窑青釉划花小粉盒

唐

直径五・一、高二・一厘米

面及底微鼓
支烧满釉
面刻四组图案
似虫非虫，似花非花

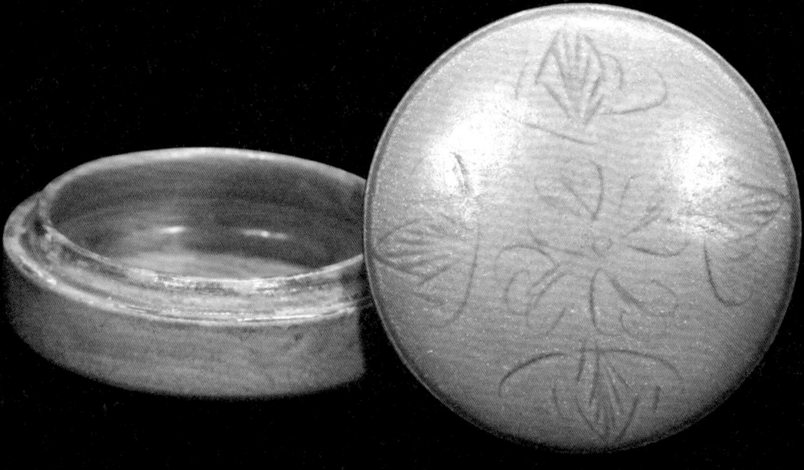

〇一七
越窑青釉素粉盒

唐
直径八·六、高二·六厘米

满釉支烧
釉色沉着，不事张扬
近同秘色

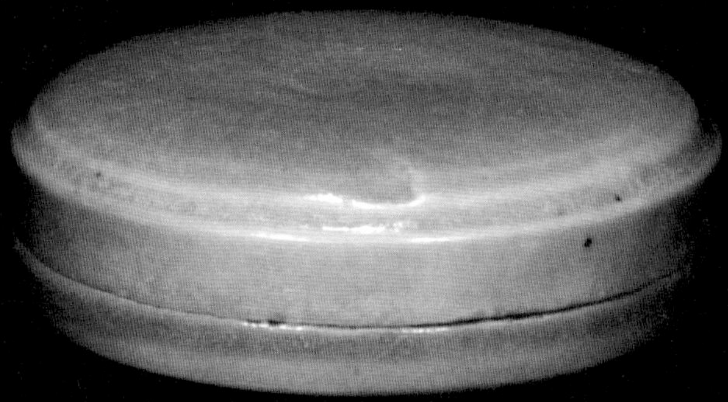

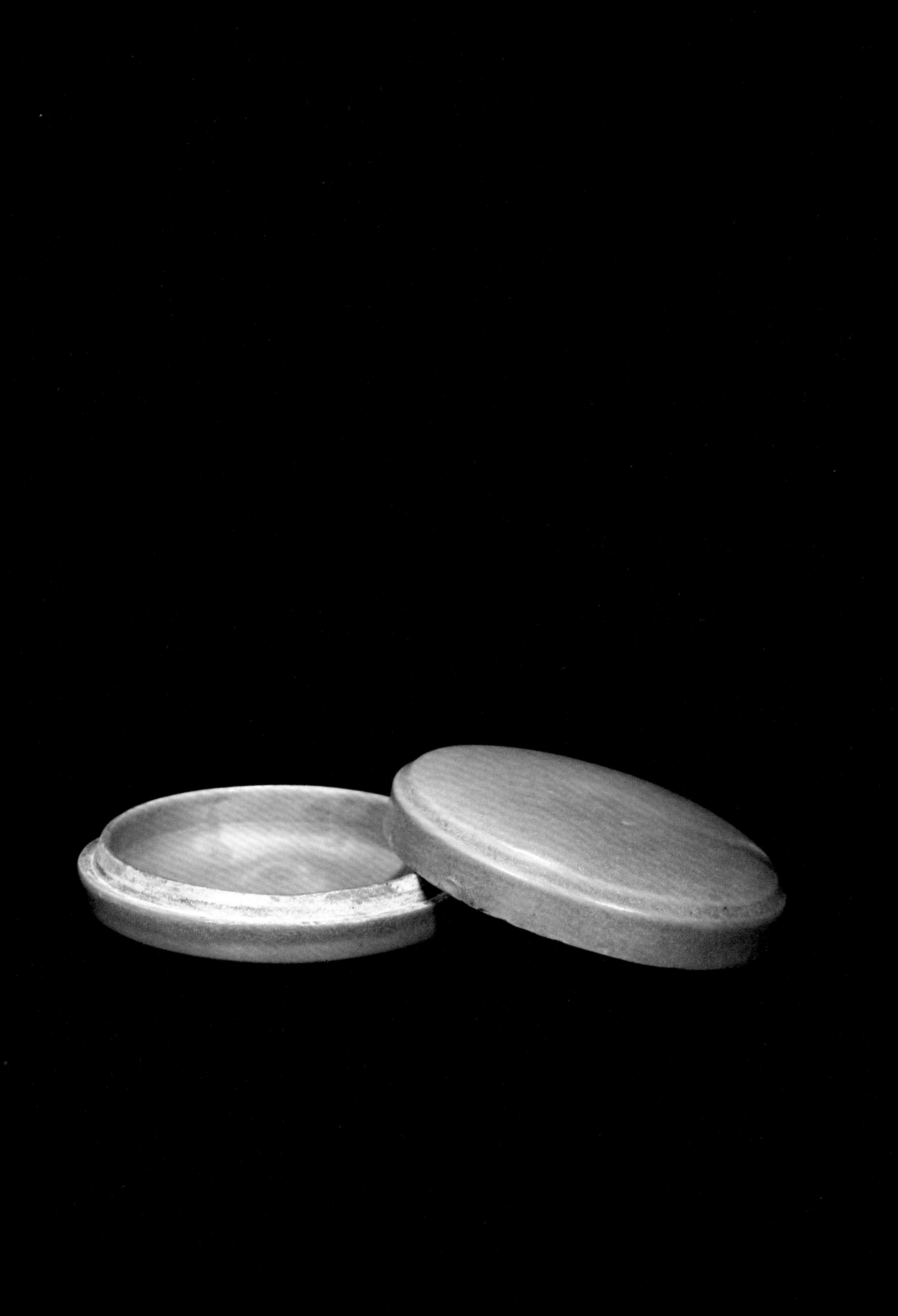

〇一八 越窑青釉弦纹环形香盒

唐

直径六·一、高二·七厘米

盒呈环状

外沿紧闭，内沿留有缝隙

以便香气溢出

器形圆润，造型罕见

颇具创意

扫码了解文物背后的故事

这种盒子在今天的生活中是看不到的，它有一个准确的文学名字，叫“穿心盒”。什么是穿心盒？其实就是字面意思，盒子中间是中空的，呈环形。这种穿心盒在唐代非常流行，材质丰富，一直影响到明代。我们看古典小说的时候，就会发现对穿心盒的描述。

这件穿心盒是香盒，在盒内放置香料，盖好盒盖，随身携带。它设计巧妙，从外侧看严丝合缝，从里侧看盒盖和盒身之间留有一个漏槽，可以慢慢散发香味。

因为穿心盒是中空的，从里面穿过一条丝巾，两头系结，既可以随身闻香，又可以作为爱情的信物。

有一点需要说明：左图盒中燃香仅为示意，表明香盒功能。唐代并没有此类盘香。

〇一九
长沙窑青釉点褐彩盒

唐

直径九、高四厘米

平顶平足，边缘斜削

点五组褐彩

内口大敛

为唐代独特造型

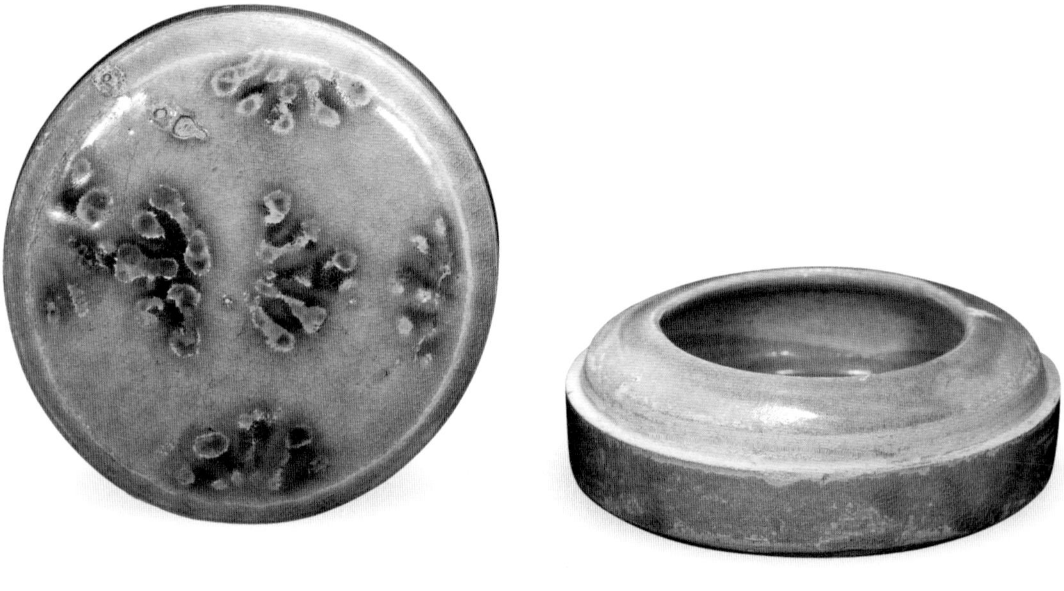

〇二〇
长沙窑青釉绿褐彩盒

唐

直径八·八、高七·二厘米

盖顶隆起，呈五阶状纽退化，底无釉

其状如谷仓

推测受其影响

〇二一 邢窑白釉贴塑如意形粉盒

晚唐—五代
长九・四、宽六・六厘米
高四厘米

如意造型
釉白如脂
模制花结与鸂鶒
鸂鶒隔结而立
寓意连理

扫码了解文物背后的故事

这件盒子是异形的，做成如意云头的造型，非常优美。它的年代久远，距今已经1000年以上了，其典型特征是口部相接的地方无釉，图案为模印而成。

盒盖上的装饰图案是两只鸟和绶带结合在一起。这种鸟叫“鸂鶒”，和鸳鸯长得很像，羽毛绚丽多彩，比鸳鸯的个头小一点。

和鸳鸯一样，鸂鶒也被文人赋予了“爱情”的象征。这件盒子装饰着一对鸂鶒鸟和绶带同心结的图案，其隐喻的含义一目了然。

鸂鶒的形象也会用在清代的官服补子上，代表的官阶比较小，就是我们常说的七品芝麻官。

五代 辽

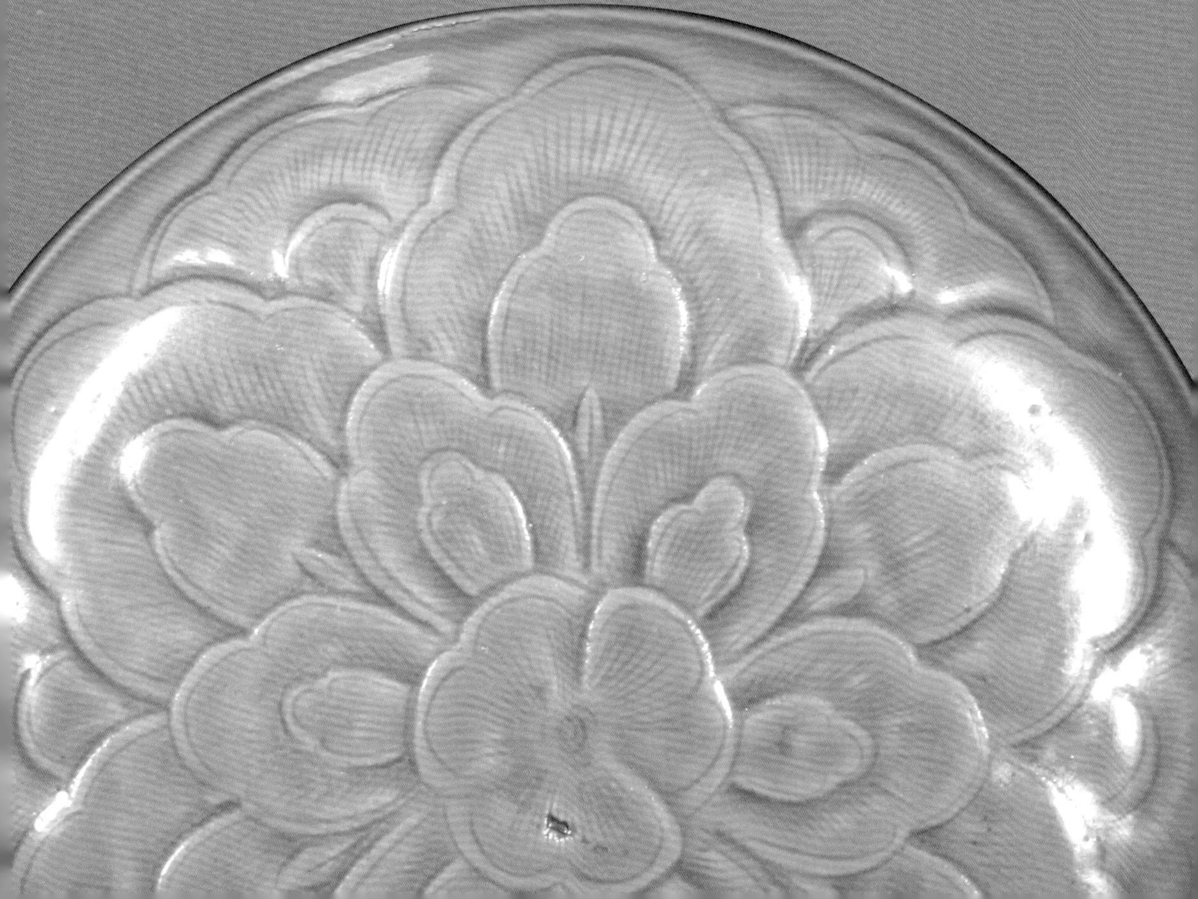

〇二二

邢窑白釉素盒

五代

直径一〇・九、高六・七厘米

盒面略鼓

小圈足，器形规整

口部不施釉

釉色类雪

邢窑典型

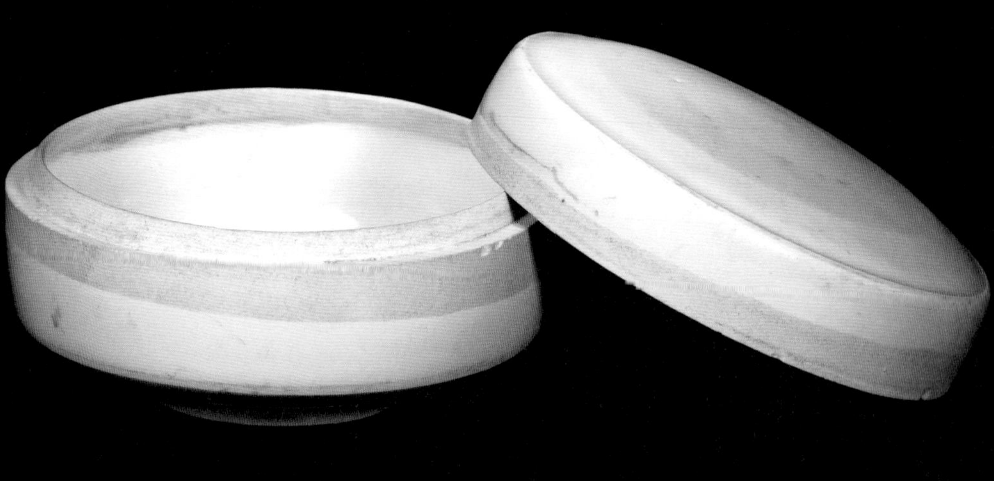

○二三
越窑青釉刻划莲瓣纹盒
五代
直径一二·八、高六·六厘米

器形高装
足外撇
为五代流行
盒面八分均饰花瓣
强调图案

〇二四

越窑青釉刻划牡丹纹撇足盒

五代

直径一四·九、高六厘米

高足外撇

受金属器影响

面刻牡丹，层层盛开

极富图案性

扫码了解文物背后的故事

唐代有“南越北邢”之说，南边是越窑，北边是邢窑，一青一白。青瓷是中国陶瓷史上重要的一支，占据半壁江山。早期的青瓷有一种深沉的美，越窑青瓷颜色最好的时期就是五代。

这件越窑盒非常漂亮，颜色算是越窑里最好的。盒子的边缘很宽，显示出它的年代相对较早。足外撇，线条硬朗，有模仿金属器的意思。

盒面刻划一朵盛开的牡丹，呈俯视角度，符合审美意趣。牡丹花的设计偏重于图案型，严格来说，自然界的花开不成这样。它展现了古人极强的设计能力，把很具象的东西变成抽象的图案，实际上是人类对自然的美的一种总结。

〇二五 越窑青釉刻莲花纹盒

五代

直径一八·八、高四·六厘米

盒面饰莲花
中心刻出莲子
受佛教影响
釉色青翠
气韵超凡脱俗

〇二六 越窑青釉刻摩羯鱼大粉盒

五代

直径一六·四、高五·三厘米

尺寸大
面隆起，足凹进
支烧
面刻摩羯鱼二
首尾相接，翻江倒海
釉色美如一泓春水

〇二七

越窑青釉刻划牡丹凤凰纹盒

五代

直径一三・六、高六・二厘米

盒面中心饰牡丹一朵
双凤环抱，首尾相接
寓意吉祥
宋人情趣与唐人有异
图案趋向具体

〇二八
越窑青釉刻划牡丹纹盒
五代
直径一一·八、高五·三厘米

盒面饰缠枝牡丹两朵
枝繁叶茂
世俗气息浓郁

〇二九
越窑青釉高足粉盒
五代
直径一〇·五、高五·八厘米

盒面隆起
壁直立
素器
沁色尤美

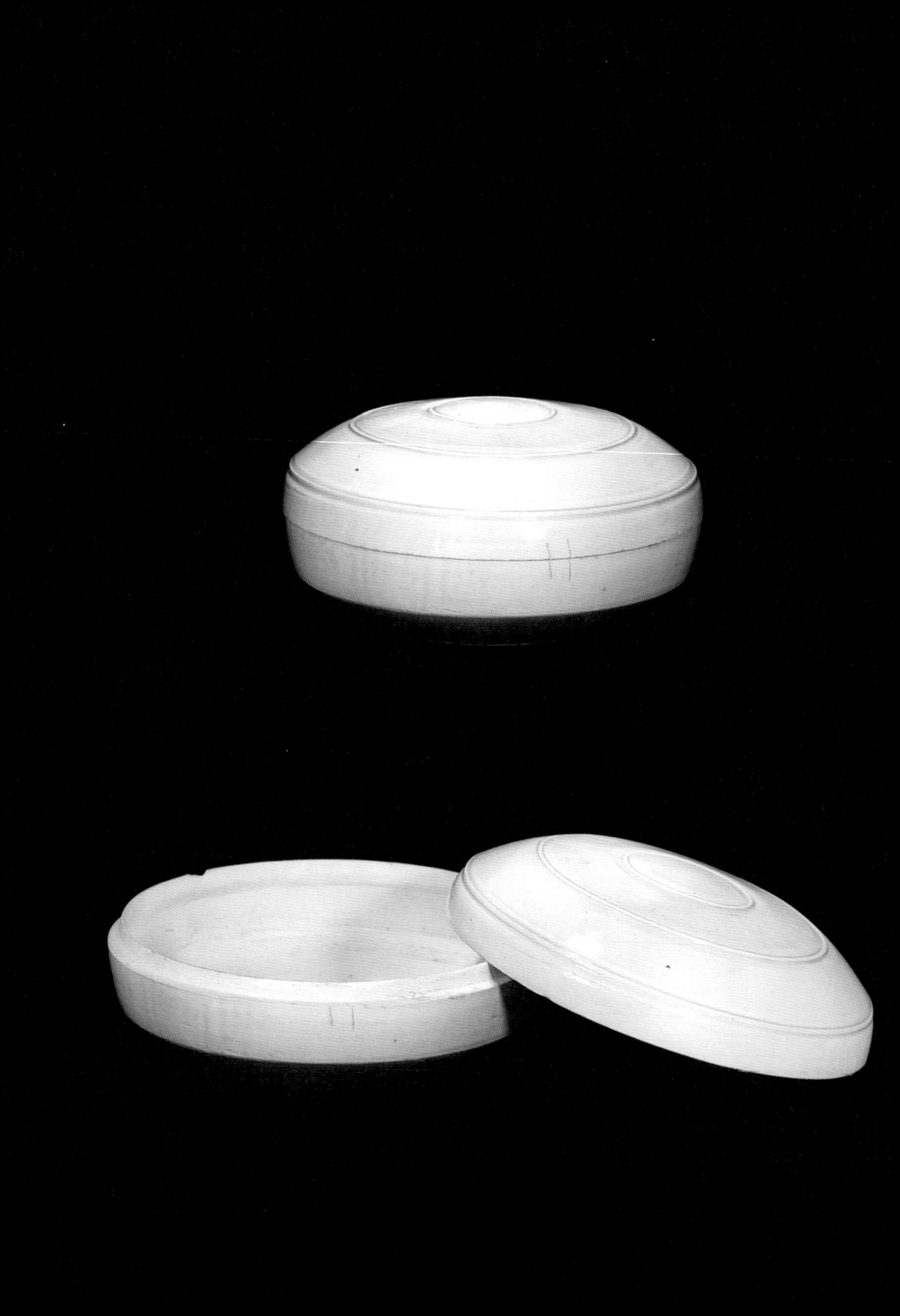

〇三〇 定白釉弦纹大盒

辽

直径一九、高九厘米

盒形巨大

平底，留有唐风

三道弦纹凸起

使盒面生动

两刀划出定位纽

随意实用

这件盒子比较大，它有个专业名字叫“捧盒”。这种捧盒在中国的容器文化中占有重要一席，古人讲究将物品放在盒子里端着移动，《红楼梦》《金瓶梅》里都能读到大量对捧盒的描写。

这件捧盒的盒盖是微微鼓起的，上面有三道弦纹。为什么做三道弦纹呢？是因为它要模仿金属器。在古代，金属器很贵重，地位也更高，因此陶瓷中有大量仿金属器的造型。

盒子侧面能看到明显的两道划出的细线，这是一种最为简单的定位标记，线条相连后，盒子就盖好了。

〇三一

白釉印花牡丹纹方盒

辽

长八、宽七・八厘米

高六・五厘米

盝顶

盒二分，下为上之翻版

面印花，繁而不乱

全器仿金属工艺

创作意图明显

○三二

白釉印花瓜棱小盒

辽

直径四・七、高四・三厘米

香瓜形
下素上花
盒身光洁
盒面图案细碎复杂
不强调图案
着重表现器形

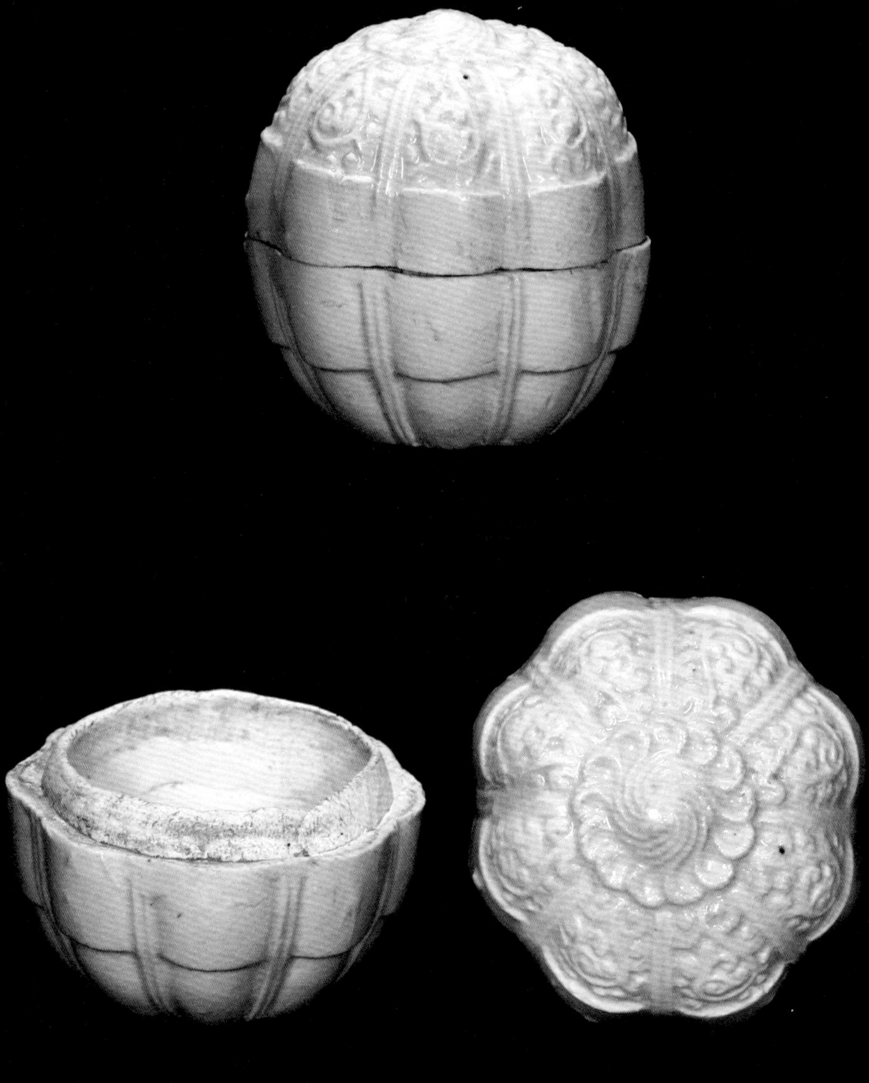

〇三三

绿釉双雁纹盒

辽

直径一二・五、高五・五厘米

通施绿釉，平底无足

图案极具金属特点

双雁凸起，首尾相接旋动

两道联珠纹

金属器经常采用

充分体现金属韵味

扫码了解文物背后的故事

某种意义上说，颜色有主观和客观之分。比如绿色，客观的绿色就是世界上有这种颜色，像叶子的绿色；主观的绿色是青色，在自然界中是看不到的。这件瓷盒所展现出来的绿色，就是客观的绿色。

盒面上装饰丰富，有锦地纹、莲花纹、联珠纹，中心两只芦雁首尾相对，以模印塑出后再精心地修饰。

雁，在中国传统文化中含义丰富，首先是忠贞不二的爱情，元好问在《摸鱼儿・雁丘词》中写道“问世间，情为何物？直教生死相许”，说的就是大雁。

大雁南来北往，冬天的时候往南边去，夏天的时候往北边来。以前的渔猎民族对它非常有兴趣，猎雁是他们的一个固定活动，所以我们在很多文物中都能看到对雁的表达。

北宋

○三四

定窑白釉印花牡丹凤凰纹盒

北宋

直径一一·一、高三·三厘米

盒形规整

印纹清晰

内饰牡丹一朵

外饰凤凰两只

中心弦纹一道

花凤相隔，强调图案

〇三五
磁州窑白釉褐彩折枝花卉纹大盒

北宋
直径一七·六、高五·八厘米

尺寸巨大
盒面渐隆，弧线优美
上绘折枝花卉
花一朵，叶三枝
充盈画面
极富视觉效果
设置定位纽

扫码了解文物背后的故事

磁州窑是北方最强大的一支陶瓷力量，从某种意义上讲，北方的瓷器除青瓷系的，基本都在磁州窑的统治之下。磁州窑瓷器在河南、河北、山西、山东等北方地区，自宋以来甚至直到清朝，都是百姓主要使用的瓷器品种。磁州窑的优势是就地取材，所以瓷器品种风格各异。

磁州窑有很多种装饰手法，其中绘制最为拿手。这件盒子的盒面上以褐彩绘出花卉，似牡丹又似荷花，绘画手法非常娴熟。严格意义上讲，这种花卉是文人心目中的花卉，比较抽象，实际生活中很难找到这样叶子和花的搭配。

〇三六
磁州窑白釉褐彩
水草纹粉盒

北宋
直径一一·二、高二·六厘米

折枝水生花卉
不拘一格
莲花、茨菰
融为一体
虽不合理，但不突兀

〇三七
当阳峪窑白釉剔花牡丹纹盒

北宋
直径一〇・七、高四厘米

先施化妆土
后剔牡丹纹
颇具北方剪纸风格
粗犷大气

〇三八
耀州窑青釉全素高装盒

北宋
直径六・六、高五厘米

高装
深腹，浅盖，圈足
全素，色泽沉着

〇三九 耀州窑青釉刻花粉盒

北宋

直径六·一、高三·三厘米

直壁平面
足斜削且不施釉
刻花卉一枝
粗枝大叶
颇具西北风

扫码了解文物背后的故事

耀州窑的绿色在所有的青瓷中是最深沉的，呈现一种橄榄绿。

耀州窑的瓷盒并不多见，这件小盒就非常有意思，小巧端正。盒面略微有点儿鼓，壁垂直，盒底有一个斜坡设计。这个斜坡使器足变得非常小，显得很精神。

盒盖上是典型的耀州窑装饰风格。耀州窑的刻花跟别的窑口不太一样，它刻得很深，刀刀见泥，简单几刀就把花卉的样子刻出来了。这种风格与西北文化有很近的关系。

○四○

越窑青釉刻划莲花纹柿形盒

北宋

直径九·六、高七·三厘米

通体莲花层层环抱
仰覆对应
上置一柄，犹如柿蒂
此盒处五代至北宋过渡期
抽象与具象结合

〇四一

越窑青釉刻划鸳鸯纹盒

北宋

直径一三·四、高五·四厘米

盖面中心部位明显隆起

刻划一只振翅鸳鸯

内圈饰卷草纹

外圈饰水纹

工艺极为讲究

〇四二
景德镇窑青白釉点彩划花盒

北宋

直径六・六、高四・三厘米

直壁，圈足

盖面浅刻六瓣花形

抽象而不具体

轻点褐彩

置一柄

平添情趣

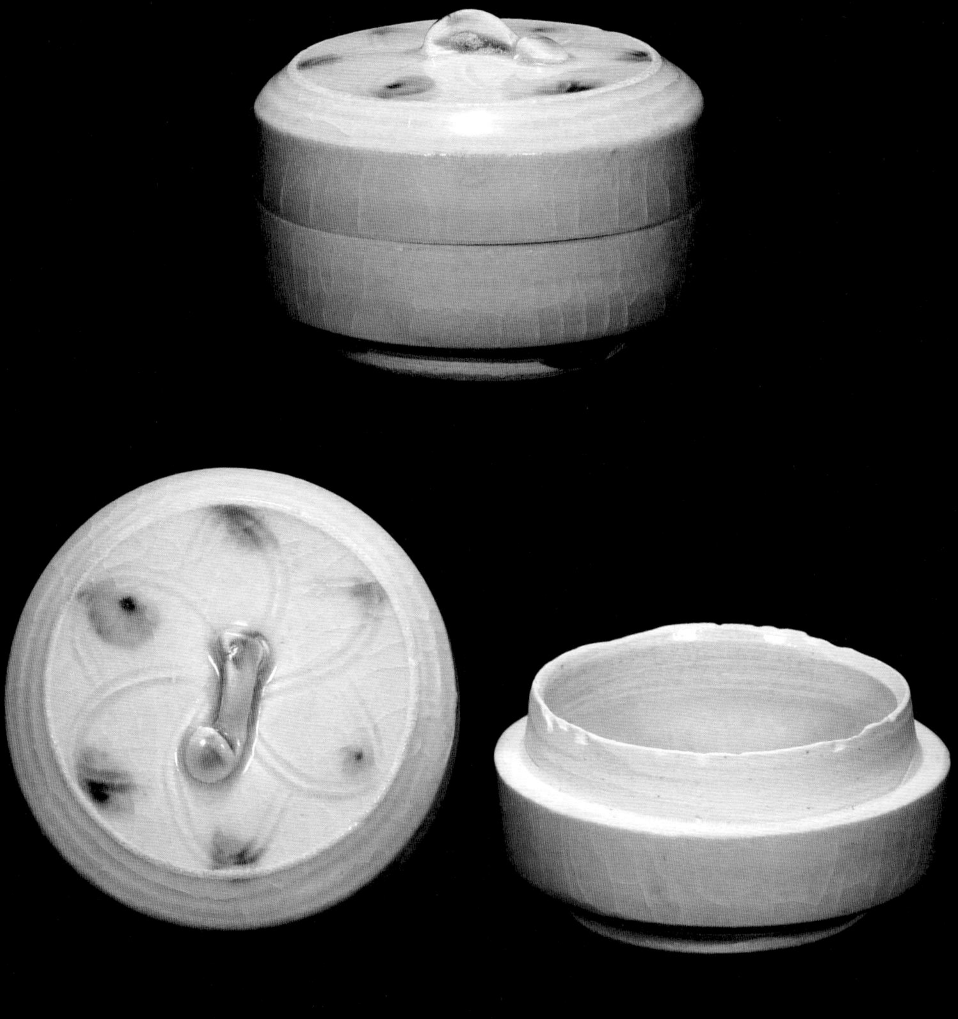

〇四三 景德镇窑青白釉刻花四碟粉盒

北宋

直径一三・一、高三・三厘米

盒扁平，刀法细碎

刻缠枝花卉

内置四碟

卧一龙

此类粉盒三碟多见

四碟罕见

〇四四

景德镇窑青白釉点褐彩凸雕牡丹纹盒

北宋

直径一〇·六、高三·七厘米

盒形断面呈斗状

为北宋早期特征

铲地凸雕牡丹花

硕大一枝

花心点褐彩

内置三碟

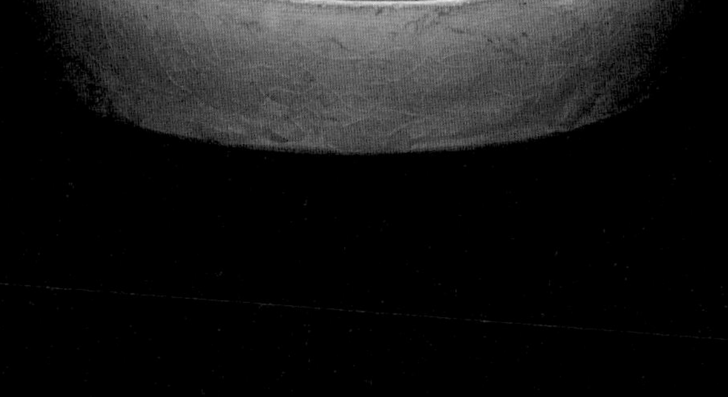

〇四五
景德镇窑青白釉凸雕牡丹纹盒

北宋
直径一二·四、高四厘米

减地凸雕牡丹纹
充盈画面，不留空隙
内置三碟
以花枝相隔
形制为三联盒演变而来

扫码了解文物背后的故事

这件影青盒是宋代景德镇窑烧造的。影青，又称青白釉，釉色介于青色与白色之间，淡雅宜人。

盒盖凸雕装饰牡丹纹，猛一看会觉得刻法有些粗枝大叶，但是细看会发现它有细节的表达。比如用篦纹装饰枝叶和花瓣，显得比较细腻。

这件盒子的器形也是比较舒服的，盒面微鼓，边缘上有委角线。最有意思的是盒子里面，用捏塑的工艺捏出花卉和三个小碗，使用时小碗里盛放不同的化妆品。

〇四六 景德镇窑青白釉贴塑柿形三联盒

北宋
高四厘米

三盒相联
各自独立
北宋早期造型
柿纽相接
中置主柄
与三小柄相连

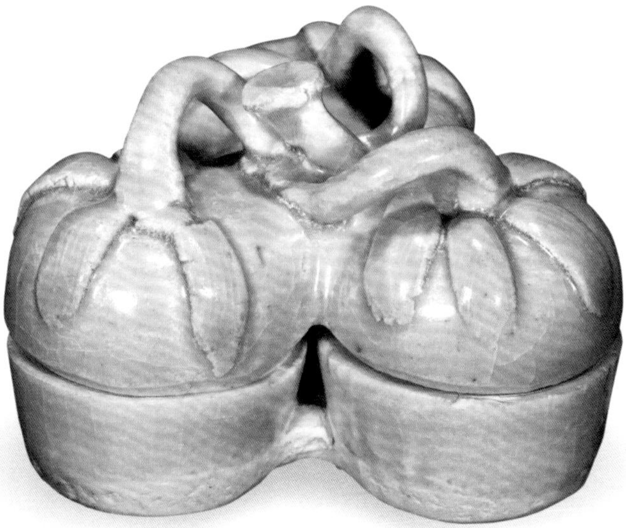

〇四七
景德镇窑青白釉褐彩贴塑鸟形三联盒

北宋
高四·六厘米

三鸟相连
首尾呼应
鸟身与头部多处点有褐彩
颇为生动

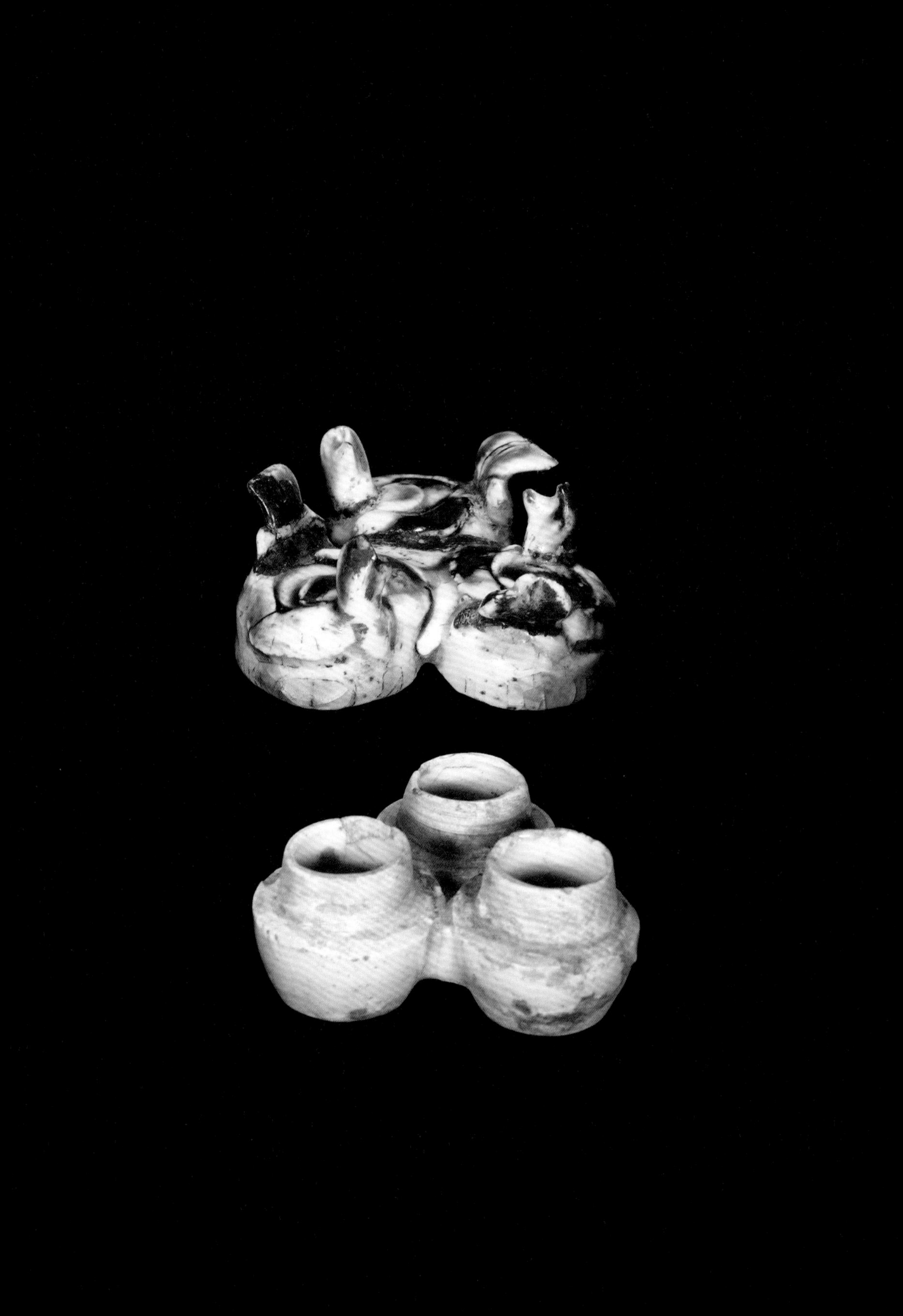

〇四八
景德镇窑青白釉
模制莲花盒
北宋
直径八、高六・二厘米

全器模制
仰覆莲花
上置一五星花柄
北宋早期混搭风格

〇四九 景德镇窑青白釉菊瓣纹带纽盒

北宋

直径八·六、高五·五厘米

细刻双层菊瓣纹
妙肖传神
器形规整
莲花纽含苞欲放
生动有趣

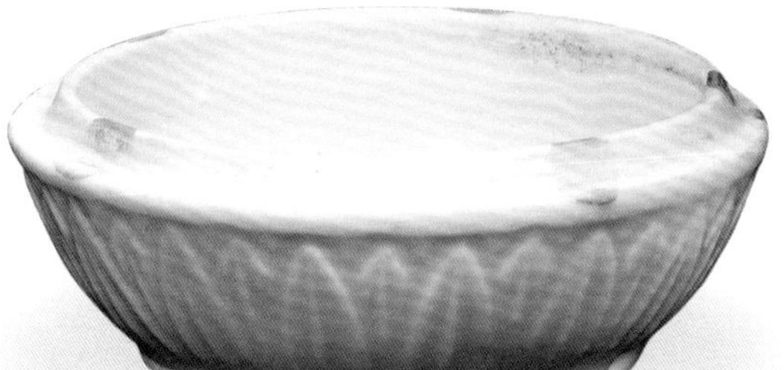

〇五〇 景德镇窑青白釉六瓣瓜形盒

北宋
直径八·一、高一〇·二厘米

六棱均分
盒盖顶置一纽
深陷其中
多一份生动
多一份传神

〇五一 景德镇窑青白釉菊瓣纹瓜形盒

北宋

直径七·五、高六·五厘米

高装，模制，瓜形十六瓣划出定位纽盒盖上安置一纽颇具象征

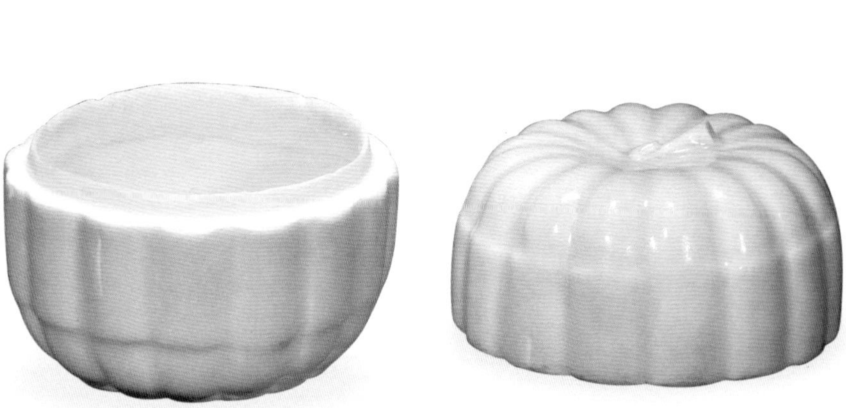

〇五二
景德镇窑青白釉五瓣花柿形盒

北宋

直径八・三、高五・七厘米

器形圆润

盒盖刻五瓣花形

盒身刻四瓣花形

线条自然、流畅

非模制，为刀刻

北宋早期流行工艺

○五三
景德镇窑青白釉
菊瓣纹柿形盒

北宋
直径一二·六、高六厘米

模制
湖蓝色
釉色典型
花瓣多达二十瓣
柿纽深陷
强调意趣

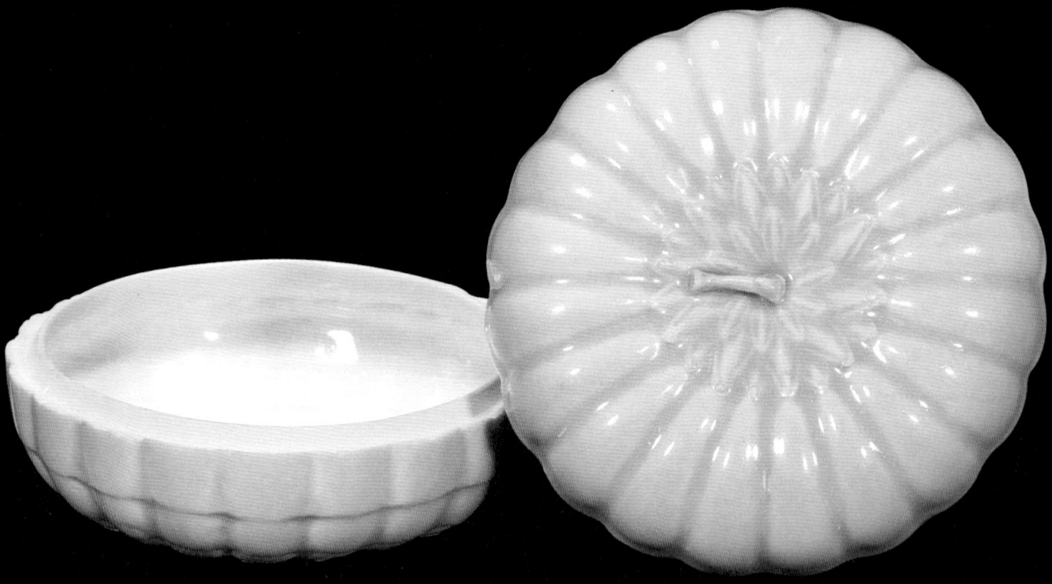

〇五四
景德镇窑青白釉镂空叶形双耳熏盒

北宋
直径七·四、高五厘米

形制特殊
设双耳，实用
上饰叶蔓一枝
镂空叶形孔，以利出香
孔多而不乱，布局随意

〇五五
龙泉窑青釉刻划莲花纹盒

北宋
直径九·五、高三厘米

釉色青翠
盒盖饰一枝莲花
寥寥数刀
简洁明快，韵味十足
装饰风格沿袭北宋

〇五六
龙泉窑青釉刻划并蒂莲盒

北宋
直径九·七、高二·六厘米

器形规整，端庄有致，盒面划出一对并蒂莲花，疏朗清新，刻划风格受耀州窑影响。

〇五七
广东窑口青白釉
刻划忍冬纹粉盒

北宋
直径一二·六、高五·三厘米

器形饱满
浅刻忍冬纹
内置三碟
点褐彩
中坐一童
颇具情趣

○五八

广东窑口青白釉

刻划忍冬纹高装盒

北宋

直径一〇、高一〇・五厘米

高装盖盒

呈苹果形

柄深陷

浅刻忍冬纹

上下子母口

宽沿处理

南宋

〇五九
景德镇窑青白釉
馒头顶高装盒

南宋

直径一〇·六、高一〇·五厘米

胎白釉润，圈足
内无釉
盖面高高隆起
状如馒头，饱满敦厚
通体光素无华

〇六〇

景德镇窑青白釉印花牡丹纹盒

南宋

直径九、高四·八厘米

模制，盖面略鼓

追求藤编效果，妙肖传神

盒盖印牡丹

牡丹纹常见

唐代以后流行

〇六一
景德镇窑青白釉
印花双凤纹盒

南宋
直径九・一、高三・五厘米

湖蓝色
南宋典型釉色
盒盖印双凤
纹饰凸起，清晰利落
双凤呈祥
寓意美满

〇六二
景德镇窑青白釉
五瓣花卉盒

南宋
直径七·七、高四·三厘米

直壁，矮圈足
盒身花瓣连接处凸线处理
造型端庄
盒面纹饰亦花亦叶
独具情趣

〇六三

景德镇窑青白釉印花六瓣花形盒

南宋

直径九・八、高四厘米

模制，釉色泛白花瓣造型规整斜划定位纽凸印一朵牡丹画面丰满盒底戳印「郑家合子记」为宋时品牌

〇六四
景德镇窑青白釉
印花柿形盒

南宋
直径一二·二、高六厘米

盖面中心深陷
呈柿形
纽完全退化，只留形式
盒盖八等分
四花四草，相间而饰

○六五
景德镇窑青白釉
仿藤编菊瓣盒

南宋
直径一一·三、高四·九厘米

平底，模制
印刻结合
盒盖仿藤编风格
繁而不乱
盖面铲地
留有牵牛花式纽

〇六六

景德镇窑青白釉

八方印花牡丹纹大盒

南宋

直径一五·八、高九厘米

体形壮硕，直壁宽沿

盖面微隆

印出一枝盛开牡丹

模印工艺提高产量

南宋盛行

〇六七

景德镇窑青白釉
印花牡丹纹粉盒

南宋

直径六·九、高三厘米

藤编效果
釉色润泽如玉
纹饰线条纤细
清晰具体
盖面一枝牡丹盛开

○六八
景德镇窑青白釉竹梅双喜粉盒

南宋

直径七·八、高四·四厘米

口沿无釉
釉呈湖蓝色
盒盖饰一竹一梅
两喜鹊站立枝头
寓意竹梅双喜、喜上眉梢
布局疏朗
画面具有宋代典型风格

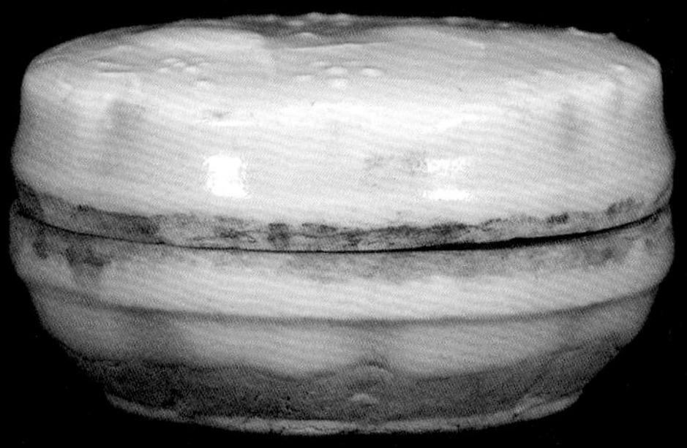

〇六九
景德镇窑青白釉印花
秋葵纹八方粉盒

南宋

直径六・五、高二・七厘米

盒八方形，小巧玲珑
釉色清润可人
盖浅腹深，与众不同
盒面印秋葵
南方植物

○七○
景德镇窑青白釉
印花如意纹粉盒

南宋

直径六・二、高二・三厘米

盒盖中心戳印轮花
联珠分隔
双层如意纹环绕其周
一凹一凸
营造立体感
体量虽小，却十分醒目

〇七一
景德镇窑仿定印花八瓣花口盒

南宋
直径一〇、高三·五厘米

釉色追求定窑之白
俗称南定
盒呈八瓣形
盒面纹样随形而设
内印金钱锦地
划出定位纽

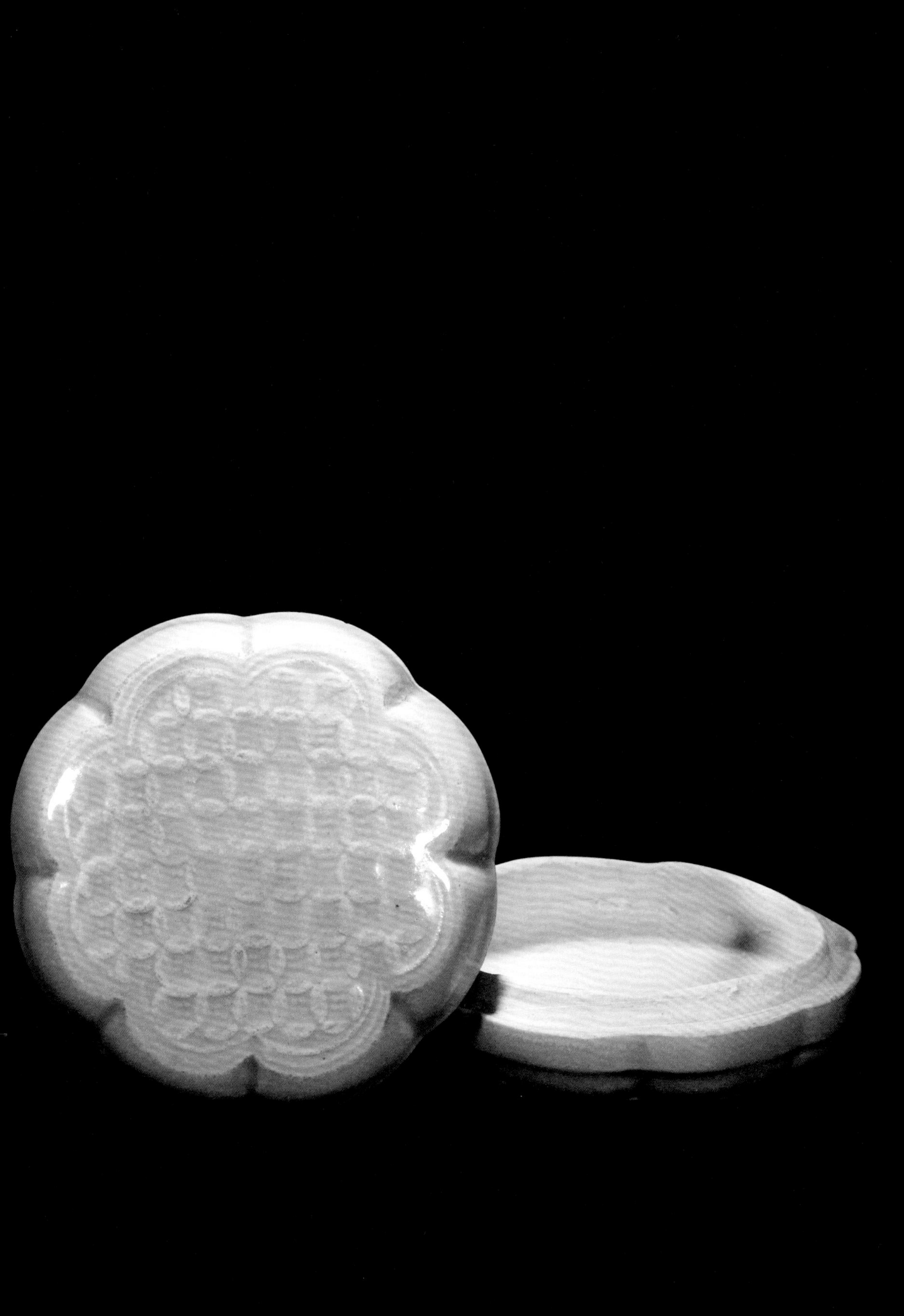

〇七二
景德镇窑仿定印花牡丹纹粉盒

南宋
直径七·三、高三·一厘米

模制，平底
追求定窑效果
修足规整
盒面印牡丹纹

○七三
龙泉窑青釉印花并蒂莲纹小盒

南宋

直径六·四、高二·五厘米

盒身小巧
釉面肥润如脂
盒盖隐起并蒂莲
寓意爱情

〇七四
龙泉窑青釉花卉纹小盒

南宋
直径六·一、高二·七厘米

造型圆润小巧
手可盈握
仿藤编
装饰风格受景德镇窑影响

金 元

〇七五 磁州窑黑釉兽纽盒

金

直径一二、高八厘米

黑釉纯正，光泽悦目

盒盖三道弦纹

狮形纽充满情趣

实用装饰兼备

乳钉定位纽凸起

○七六

磁州窑系山西窑口

白釉褐彩花卉纹盒

金

直径一一、高三・七厘米

盒盖略隆
褐彩画出花卉
用彩追求柔和
浓淡相宜

〇七七

磁州窑系山西窑口

白釉褐彩牡丹纹盒

金

直径一〇・八、高三厘米

施化妆土

白地作纸，褐彩为墨

牡丹生动，摇曳生姿

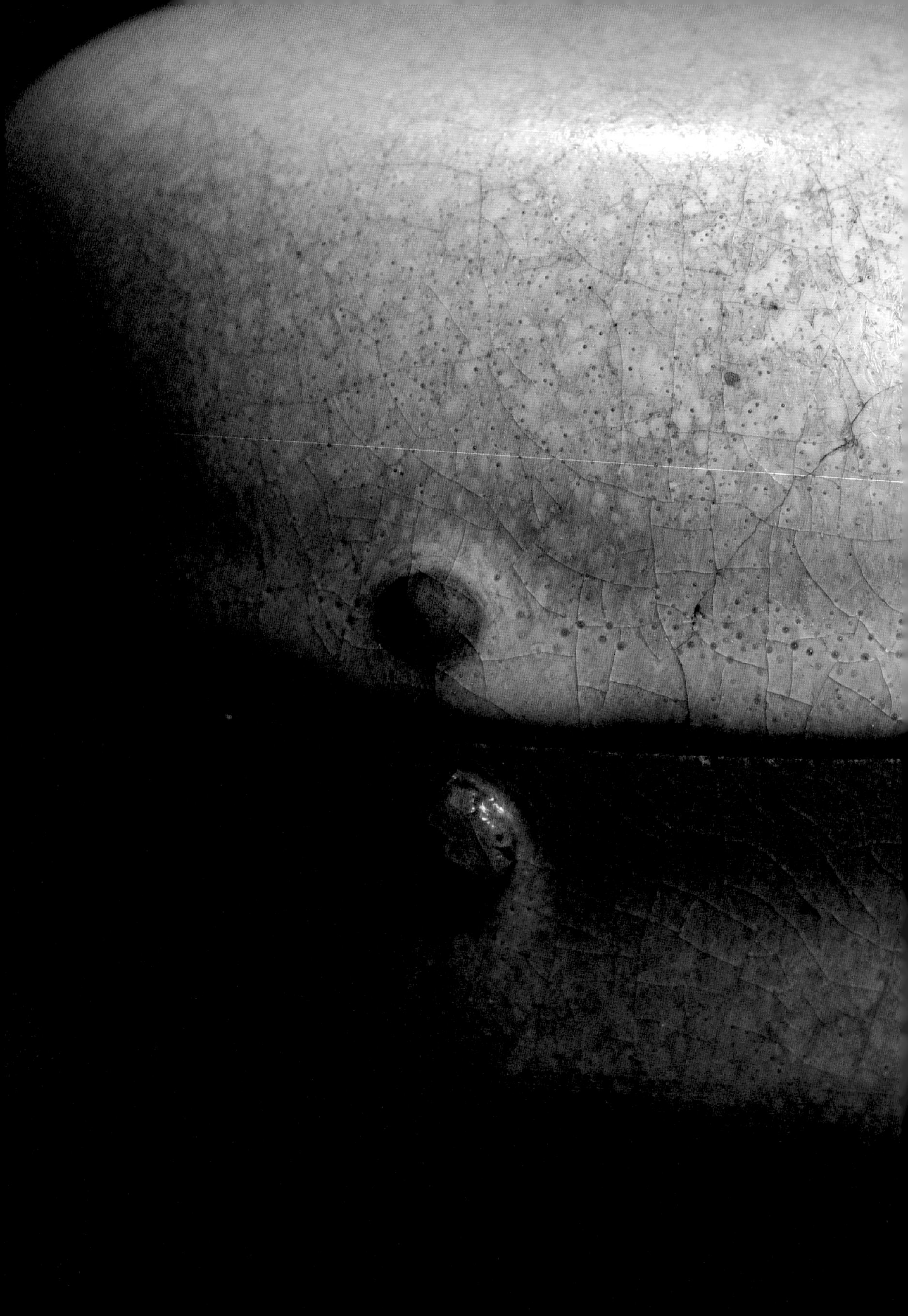

〇七八
钧窑月白釉素盒

金

直径一〇·八、高七·六厘米

通体光素
凸显釉色之美
盒面隆起
两乳钉纽定位
釉略垂流
颇具审美情趣

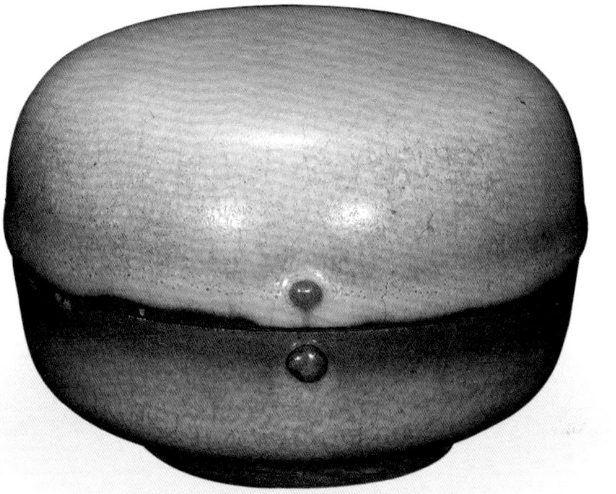

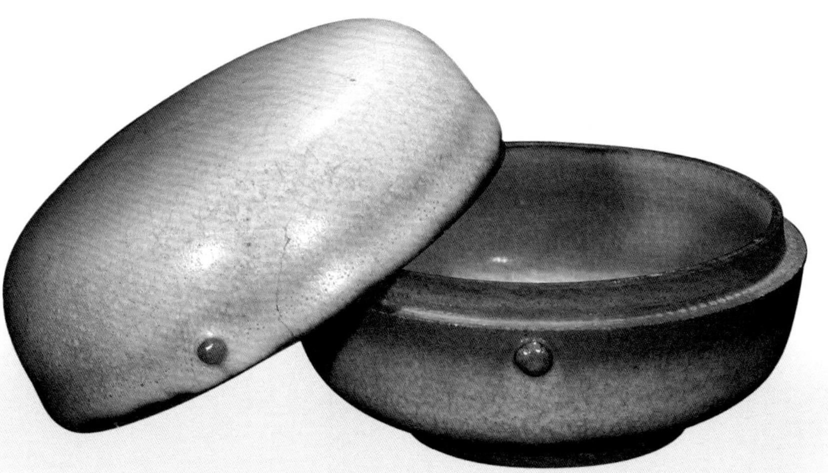

○七九
北方窑口黄釉盒

金

直径九·三、高四厘米

胎厚
修足随意
通体施黄釉
盒面隆起如丘
线条简洁

〇八〇 北方窑口褐釉刻划网纹盒

金

直径一三·四、高六·七厘米

以弦纹二分盒面
内有茄蒂纽，外划网纹
釉面无光
装饰风格朴素

〇八一
北方窑口黑釉高装盒

金

直径九・五、高一〇・九厘米

高装，鼓形
通体全素
仅以两纽作饰
黑釉深沉，光亮如漆
颇具另类审美

〇八二

德化窑白釉印花牡丹纹盒

元

直径一〇·二、高四·四厘米

藤编效果

盒面印牡丹，纹路清晰

弧壁，唇口

具有元明过渡特征

〇八三
福建窑口青白釉印花大盒

元

直径一八·八、高一〇厘米

青白釉

器形饱满壮硕

罕见

深印纹饰，清晰如刻

明显受剔犀工艺影响

〇八四
福建窑口青白釉印花盒

元

直径一三·五、高五·六厘米

胎白釉青
纹饰仿剔犀工艺
风格更为写意
潇洒如意
上下呼应

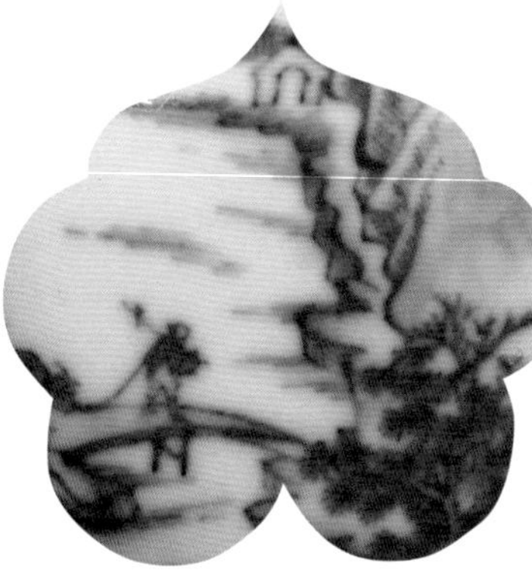

明

清

〇八五 矾红描金龙凤纹盒

明嘉靖

直径一二·八、高四·五厘米

盒盖心内凹
口沿饰两道青花弦纹
盒面矾红描金绘一龙一凤
盒身杂宝点缀
盒内天地均绘宝相花
匠心独具

扫码了解文物背后的故事

这件盒子是明代后期嘉靖年间的矾红彩，跟清代的矾红彩比起来颜色更深重，所以俗称“枣皮红”。

盒盖图案为一龙一凤，寓意“龙凤呈祥”。一般盖盒里面很少有纹饰，但此盒里面装饰有宝相花。这件盒子虽然没有底款，但通过纹饰基本能够判断出它是嘉靖年间的。根据龙凤呈祥的题材、五爪龙的特征判断，它应该属于无款官窑器。

盒底内凹，无圈足，这种底有一个专业的术语叫“卧足”。此盒还有一个特殊之处，就是盒盖“塌心”，一般来说，瓷器烧不好的时候才会塌心，但这个盒明显是在刻意追求塌心的效果，意在与卧足相互呼应。

〇八六

青花山水人物纹围棋盒（对）

明天启

直径一一·五、高九·六厘米

纹饰笔触纤细
追求线描神韵
两盒盖图案不同
男子一着官服，一着便服
推测为一人之两种生活状态
表明文人追求

○八七
青花花卉纹捧盒
明崇祯
直径二一·五、高一一厘米

青花呈色浓艳
盒体满绘折枝花卉
三只蛱蝶飞舞其间
底书「大明嘉靖年制」
寄托情愫

〇八八 青花人物纹方印盒

明崇祯

长八·八、宽八·八厘米

高三·六厘米

造型断面如斗

盒盖写实，盒身写意

人物闲坐

意态潇洒

青花晕染已现浓淡

○八九
青花人物纹围棋盒

明崇祯

直径一○・八、高八・五厘米

失群，胎白，壁薄
造型圆润
口沿三处暗刻，崇祯风格
盒盖绘仙道
盒身绘三人品茗
反映生活情趣

〇九〇
青花山水纹围棋盒

清顺治

直径一一·六、高八·一厘米

两只余一

盒身画面大量留白

老树枯枝，群山点染

寥寥几笔绘出人物

只求神似

底书「成化年制」寄托款

〇九一
青花凤穿牡丹纹捧盒

清康熙

直径八·六、高二·一一厘米

高圈足

鼓盒顶

造型饱满

牡丹双犄，康熙独见

以花作底，双凤穿行其间

布局繁密

〇九二 青花人物纹捧盒

清康熙

直径一九・四、高八・一厘米

盖与身图案连贯

设计独特

盒盖正中绘官服人物七

表情生动

盒身绘婴戏纹

姿态各异，充满动感

〇九三
青花麒麟送子纹捧盒

清康熙

直径二一·三、高一二厘米

青花发色较淡

器身满绘婴戏纹

盒盖中心绘麒麟送子

康熙朝流行吉祥图案

底书「大明成化年制」

清初流行

〇九四
青花百子图印盒
清康熙
直径一三·四、高四·三厘米

烬瓷，亦称浆胎
开细碎片
口沿施酱釉
盖及身密布百子婴戏图
多子多福
底书「大清康熙年制」款

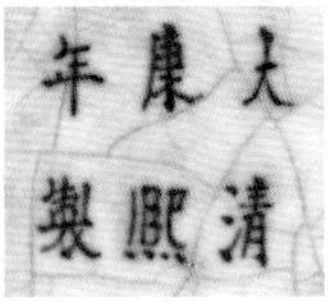

〇九五 青花矾红描金落花流水纹香盒

清康熙

直径七·一、高六·四厘米

五节四层，盛香专用
盒面绘水仙一枝，婀娜多姿
上书「一种色异香」
盒身满绘落花流水纹
颇具意趣
「大明万历年制」寄托款

扫码了解文物背后的故事

这件五层节盒运用了多种色彩来装饰，有青花，有矾红，有描金。盒盖上以青花绘出一株水仙，花卉描金，以矾红写出五字：一种色异香。盒身以青花描绘水流纹，其间点缀花朵，正是过去文人最喜欢的“落花流水”图案。

“一种色异香”是这件盒子的主题，从这个角度上讲，此盒应该用于盛装香料，当时有可能一层装一种香料，非常讲究。现在很多人也喜欢香道，但很难碰到这么精致的一个小盒。

盒底款识为“大明万历年制”，这是一种寄托款，它实际的制作年代是康熙年间。从盒的精致程度上看，当时使用的香料应该非常高级。

〇九六
五彩山石花卉纹香盒

清康熙
直径八・六、高二・六厘米

胎沉体厚
绿彩冰梅纹
盖面弦纹，间绘山石花蝶
小景自然
盒内堆塑花叶一片
置香专用

〇九七
青花山水人物纹小印盒
清乾隆
直径六·九、高四厘米

器小精致
盖与身表达同一主题
临水垂钓
意不在鱼
而在乐趣

○九八

青花釉里红人物纹印盒

清乾隆

直径八·八、高三厘米

以青花绘主纹饰
釉里红局部装饰
一老一少，闲坐其间
公鸡觅食
一派祥和
底书「大清乾隆年制」款

○九九 粉彩雕人物纹八方印盒

清乾隆

高三·六厘米

用彩艳丽，图案繁复
盒内施松石绿釉
盖面雕出仕女
其周环绕八吉祥
盒身为云蝠捧寿
热烈吉祥

一〇〇

粉彩加官晋爵图盒（对）

清乾隆

直径一一·七、高五·三厘米

内外施松石绿釉
盖面开光，绘婴戏
寓意加官晋爵
外饰花卉
富丽堂皇

终　语

盒子的奥妙在于开合，开为用，合为贮，在用与贮之间，盒子仅是个使者。瓷之盒的出现，不过是商业考虑，便利生活而已。瓷之成本低廉，取之不尽，用之不竭。在古代生产力相对低下的时候，制瓷业为中国人带来的幸福无以复加，为中国人创造的价值难以斗量；这些幸福的价值落实在小小的瓷盒之上，让后人费力琢磨，费心解释。

其实琢磨也好，解释也罢，似乎对我们重要，但对盒子自身并不重要。它们静静地独自待了几百年乃至上千年，它们知隋唐，知五代，知两宋，知金元，知明清，它们知道一切我们所不知而又想知道的；可它们不能说，不能写，只能等待我们去说，去写，去解释历史的真相。

我们应该知道，历史没有真相。在文物面前，我们仅是匆匆过客。